SPEZIAL-KARTE
DER
sächsischen u. böhmischen
SCHWEIZ
so wie der
Umgegend von Dresden
und dem
PLAUENSCHEN GRUNDE.
Mit Benutzung der neuesten und zuverlässigsten Hülfsmittel
gezeichnet und in Stein gestochen im geographisch-lithographischen Institut von
WERNER & C.o in MAGDEBURG.
Leipzig 1840 L. Fort.
Verhältnifs: 1 = 57,600.
Maafsstab v. 1 sächsischen Polizey Meile von 2 Stunde Weges.
Maafsstab von 1 geographischen Meile.
NEUSTADT
Langen Burkersdorf
Berthelsdorf
Rugiswalde
HOHNSTEIN
Ehrenberg
Lohsdorf
Schönbach
SEBNITZ
Ein siedel
Salmsdorf
Klein Nixdorf
Nixdorf
Ulbersdorf
Lichtenhayn
Ottendorf
Saupsdorf
Hinter Hermsdorf
Altendorf
Mittelndorf
Ostrau
SCHANDAU
Postelwitz
Wendisch
Reinhardtsdorf
Pabstdorf
Schöna
Johnsdorf
Stimmersdorf
Rosendorf
Arnsdorf
Neu Ohlisch
Neu Heidenstein
Poppendorf
Losdorf
Günthersdorf
Biela
TETSCHEN
Falkenberg
HÖHEN = TABLEAU
der vorzüglichsten Berge u. Ortschaften
In Dresdner Fussen über dem Spiegel der Ostsee.
Spiegel der Ostsee
Schrift und Zeichen Erklärung.
STADT Dorf einzelne Etablissements.
Chaussee Hauptstrassen Nebenwege.
Wassermühle Windmühle Wiese Wald.
Königr. Sachsen Königr. Böhmen
Eigenthum von L. Fort in Leipzig und Werner & C.o in Magdeburg

1 *Das Elbtal mit den Schrammsteinen*

2 *Kletterer am Bloßstock*

3 *Obere Schleuse im Kirnitzschtal*

4 *Im Bielatal*

5 *An der Bastei*

6 *Das Polenztal*

7 *Die Basteibrücke*

8 *Im Gebiet der Schrammsteine*

Werner Liersch

Das romantische Gebirge

Auf alten Wegen durch die Sächsische Schweiz

Chemnitzer Verlag

Bildverzeichnis

Bildarchiv Stiftung Preußischer Kulturbesitz, Berlin S. 26, 31, 33, 37, 48, 62, 65, 77, 78, 80, 96, 149, 150
Deutsche Fotothek, Dresden S. 16, 44, 58, 67, 77, 88, 91, 101, 104, 146, 152
Gemäldegalerie Neue Meister, Dresden S. 41, 42, 113
Germanisches Nationalmuseum, Nürnberg S. 115
Kunsthalle Hamburg S. 114, 151
Liersch, Werner, Berlin S. 19, 22, 23, 39, 53, 55, 69, 84, 98, 108, 111, 118, 119, 134, 137, 142, 143, 154, 156, 157, 160, 161, 162
Museum der Bildenden Künste, Leipzig S. 116
Städtische Kunstsammlungen, Chemnitz S. 43
Schober, Manfred, Sebnitz S. 120
Thüringer Landesmuseum Heidecksburg, Rudolstadt S. 79

Farbfotos: Udo Pellmann S. 1–8, 169–176
Karte im Vorsatz: Werner Liersch
Karte S. 166: Nationalparkverwaltung Sächsische Schweiz: Frank Richter

2. Auflage 2001

Herstellung: Dieter Struckmann
Gestaltung: Gerd Gücker
Titelfoto: Udo Pellmann
Gesamtproduktion: Westermann Druck GmbH, Zwickau

ISBN 3-928678-68-X

Die Würde des Unbekannten

Am südöstlichen Rand Deutschlands, elbaufwärts von Dresden, liegt eine Landschaft, der haben vor gut zweihundert Jahren Pastoren, Poeten und Maler geholfen, unter die Leute zu kommen. Das neue Reiseland hieß nach einiger Zeit die »Sächsische Schweiz«. Die Einwohner nannten ihre Gegend einfach die »Heide bei Hohnstein« oder amtlich das »Obere Meißner Land«. Das korrekte 20. Jahrhundert steuerte den Begriff »Elbsandsteingebirge« bei.

Das Gebiet ist von geringer Ausdehnung. Von Nord nach Süd und von West nach Ost erstreckt es sich jeweils über gut 30 Kilometer mit dem Strom in der Mitte. Das Kerngebiet ist viel kleiner. Es liegt als zerklüftete Felsregion am nördlichen Ufer der Elbe bei Schandau. Dieser Bereich war in historischer Zeit lange unwegsam und ist auch heute noch relativ still. Einsamkeit und Stille brauchen keine großen Areale. Die »Sächsische Schweiz« lässt große Dinge auf kleinem Tableau erleben. Darin ist sie einmalig. Und unwiderstehlich.

Die Bewohner hielten es mit dem Landstrich bis zum Ende des 18. Jahrhunderts wie es damals üblich war, wenn man mit einem Felsengebirge zusammenleben musste. Für sie war es eine Last. Die beschwerlichen Wege hemmten Handel und Wandel. Das Gebirge setzte der Ausbreitung der Landwirtschaft Grenzen und nur schwer ließ sich das Holz aus den unwegsamen Wäldern herausschaffen. Selbst durch das Elbtal führte keine Straße. Vorteil bot das unzugängliche Felsengebirge dem Volk höchstens in Mordzeiten, wie dem 30-jährigen Krieg, wo sich ganze Dörfer in seiner Abgelegenheit vor den marodierenden Heerhaufen versteckten. Vorteil bot es der Jagdleidenschaft der Fürsten zu jeder Zeit. Dem einfachen Mann wäre nicht eingefallen, der Felsenwildnis eine besondere Wertschätzung zukommen zu lassen. Und wie das Volk, so seine Hirten. Der Hohnsteiner Pastor Johann Michael Weisse erwähnte 1729 in seiner *Topographia, oder historische Beschreibung des Churfürstlich Sächsischen Amts, Schlosses und Stadt Hohenstein* die späteren Sehenswürdigkeiten gerade einmal notgedrungen: *Zu den Singularibus sollten wir auch die Berge rechnen. Aber weil derselben viel, so macht man kein Werk davon ...*

Als das neue Jahrhundert anfängt, ist alles seit einiger Zeit anders. Nun sind es gerade die Berge, die Bewunderung auf sich ziehen. Immer mehr Fremde durchstreifen wegen der bizarren Felsen die Gegend und beginnen ihre Reise ein gut Stück elbaufwärts von Dresden in Lohmen. Weil derselben so viel sind, macht der Lohmener Pastor Carl Friedrich Nicolai ihnen ein Werkchen. 1801 schreibt Pastor Nicolai den ersten »Wegweiser durch die Sächsische Schweiz«: *Dieses Schriftchen weiset durch eine der merkwürdigsten Gegenden des Churfürstentums Sachsen: denn so reich unser geliebtes Vaterland ist an Denkwürdigkeiten der Natur und anmutigen Gegenden, so hat doch das Stück Landes, das sich über Pillnitz hinaus, der Stadt Pirna und der Vestung Königstein ge-*

genüber, in der Breite von einer guten Stunde, über 3 Meilen lang, an der Elbe hinzieht, gewiss etwas ganz Eigenes, das sich schwerlich an einem Orte im Lande so wiederfindet.

Schon einige Jahre zuvor, 1786, hatte ein studierter Theologe, der in Hohnstein als Hauslehrer auf eine Pfarrstelle wartet und Wilhelm Lebrecht Götzinger heißt, seinen Mitbürgern in einem Buch über das »Chursächsische Amt Hohnstein« ins Gewissen geredet, wie sehr sie doch hinter der allgemeinen Wertschätzung der Region zurückgeblieben seien. *Wir selbst, die wir Bewohner einer Landschaft sind, wo sich der Schöpfer so herrlich offenbart, bei deren Anblick das menschliche Herz unmöglich ohne Empfindung bleiben kann, wenn es in einen Tempel der Natur eintritt, wir selbst empfinden ihre Schönheit oft nicht so tief, als sie es wohl verdiente, denn unser Auge ist schon zu sehr gewohnt, und wir gehen oft an ihr ungerührt vorüber, wenn der Fremde, der das noch nie, oder doch selten sah, bei ihrem Anschauen voll Erstaunen und Bewunderung laut aufjauchzt.*

Die Natur findet auf einmal überall ihre Prediger. Wo waren sie so lange? Der Franzose Rousseau verfasst ein ganzes Naturevangelium. Es sind die wechselnden Zeiten, die den Zeitgenossen die neuen Worte in den Mund legen. Im Frühjahr 1798 macht sich ein junger Dichter, der sich Novalis nennt, in der Zeitschrift »Athenaeum« Gedanken, wo die *Ewigkeit mit ihren Welten* zu finden sei und spricht von der *Würde des Unbekannten*. Etwas ist anders geworden. »Unbekanntes« gab es bislang genug. Aber der Vorrat scheint abzunehmen und eine gewisse Sehnsucht danach aufzukommen. Die Moderne öffnet ihre Pforten. Heute ist sie ein nimmersatter Voyeur.

Die Damen und Herren, die vor zweihundert Jahren in eine sächsische Schweiz zu reisen begannen, folgten kaum Philosophen und Philosophien. Eher einer neuen Mode. Aber manchmal sind sich eine neue Zeit und eine neue Mode ziemlich ähnlich. Aus den neuen Wegen der Herren und Damen in Frack und Reifrock sind alte Wege geworden. Ihr Zauber reizt uns.

Fremdenweg

Ouvertüre in der Basteigegend

Elisa Freifrau von der Recke hatte keine Angst vor Abenteuern. Das erste war ihre Ehe. Die geborene Reichsgräfin von Medem war 1771 siebzehnjährig, als sie heiratete. Fünf Jahre später wurde die Ehe getrennt. Elisa ging mit Kummer und Kind zu ihrer Schwester, der *Gemahlin* des Herzogs Peter Biron von Kurland in Mitau. Mitau zog, 1779, einen ganz besonderen Mann an, den Grafen von Cagliostro. Der Italiener war ein umschwärmter Liebling der Frauen und ein Reisender durch ganz Europa. Auf seinen Reisen verkaufte er verjüngende Lebenstinkturen, Schönheitswässer, trieb Goldmacherei, beschwor Geister und gewann bedeutende Summen. Er ließ erkennen, seine Existenz der Liebe eines Engels zu einem irdischen Weibe zu verdanken und sei gesandt, die Menschen durch körperliche und moralische Erneuerung zu höherer Vollkommenheit zu führen. Elisa, jetzt fünfundzwanzig, konnte dem Grafen nicht widerstehen, doch die Beziehung brachte Elisa nicht Glück, sondern nur den Anfang einer Karriere als einer Schriftstellerin. Ihr erstes Buch hieß 1787: »Nachricht von des berüchtigten Cagliostro Aufenthalt in Mitau«. Elisa wurde berühmt. Der Mann war nämlich niemand anders als der große sizilianische Hochstapler und Betrüger Joseph Balsamo. Cagliostro war ein europäischer Skandalfall.

Unter den Orten, an denen Elisa künftig lebte, gehörte Dresden zu den bevorzugten. Dass sie ein Mittelpunkt der Dresdner Gesellschaft wurde, versteht sich und in ihrem Tagebuch steht darum auch: *Dresden, den 15. Mai 1790. Ein schöner Freudengenuß folgt dem anderen …* Diesmal hatte der preußische Gesandte am sächsischen Hof, der Graf von Geßler, sie und den Oberappellationsgerichtsrat Christian Gottfried Körner zu einer Reise eingeladen. Elisa scheute ja Abenteuer nicht. Der preußische Gesandte war auf ein besonderes sächsisches gestoßen: *Er hat um Dresden Felsengegenden aufgefunden, die bis jetzt noch unberührt waren, und denen er den Namen der sächsischen Schweiz gegeben hat.*

Elisa muss an diesem 15. Mai sehr früh aufstehen. Aber es ist ein wunderschöner Frühlingsmorgen. Um 4 Uhr morgens holen der Graf und der Oberappellationsgerichtsrat mit Gattin die Freifrau in einem geräumigen Wagen ab. Das Quartett ist zu einer ungewöhnlichen Tour aufgebrochen. Die Felsengegend elbaufwärts kennt bisher kaum Besucher. Professor Zingg von der Kunstakademie hat zwar auf den jährlichen Kunstausstellungen in der Residenz erfolgreich Ansichten von ihr angeboten, ohne dass es jedoch den Betrachtern einfiel, die Originale aufzusuchen. Und die ersten geschriebenen Reiseführer werden auch noch ein Jahrzehnt auf sich warten lassen.

Die Erste der seltsamen Landschaften ist nicht allzu weit von der Residenz zu treffen. Es ist der von der Wesenitz durchflossene Liebethaler Grund. Bei einem Ausflug in

Adrian Zingg: Im Liebethaler Grund

die neuen Felsengegenden ist sein Besuch ein Muss. Für eine Reisegesellschaft mit Pferd und Wagen führt der Weg an Pillnitz, Oberpoyritz und Bonnewitz vorbei nach Liebethal und Mühlsdorf. Bei den ersten Häusern von Mühlsdorf liegt unten im Grund die Lochmühle. Der Platz ist berühmt und gilt als Inbegriff des Romantischen.

Ein Pfad schlängelt sich zur Mühle hinab und steigt gegenüber auf einer Treppe von mehr als hundert Stufen zu dem Dörfchen Daube empor. Das Romantische braucht wenig oder das: eine zwischen mäßig hohen Felswänden eingezwängte Mühle, deren Fundament in das Wasser drängt. Das Rauschen eines Baches. Graue, bemooste Felswände. Bäume mit verschiedenem Grün. Das Klappern eines Mühlrades. Aus den Felsritzen hängende Farne und Büsche. Die den Weiterweg versperrende Wesenitz. Ein Kenner der Platzes sagt, *will man einen wahren fürchterlich schönen Anblick haben, so muß man durch die Mühle gehen, aus welcher man auf eine schmale steinerne Brücke von einem Bogen tritt.* Hier sieht man das über das Mühlwehr herabstürzende Wasser und im Hintergrund die unzugänglichen Biegungen des Grundes.

Elisa und ihre Begleiter müssen hier zu treffen gewesen sein. Sie dringen weiter vor, umgehen die unwegsame Stelle, denn es wird versprochen, wer die Lochmühle erreicht habe, mache sich gefasst, von nun an eine ununterbrochene Reihe von Naturschönheiten zu sehen, die, je weiter man in den Grund kommt, an Größe, Seltenheit und Verschiedenheit immer mehr zunehmen. Die Verheißungen erfüllen sich. Elisa erlebt das Unbeschreibliche bei ihrem Weg durch den Grund. *Kaum ein Maler vermag die reizenden Baum-, Wasser-, und Felspartien darzustellen, meine Feder ist zu schwach, die schauerliche Anmut um Liebethal zu beschreiben, doch meiner warteten noch schauerliche Gegenden, und so mußte ich mich vom rauschenden Wasserstrome der einsamen Mühle losreißen.*

Dieser Grund ist keines der gewohnten Täler. Kommt man hinter Lohmen tiefer hinein, rahmen Felswände eine dämmerige Schlucht ein. Glatte rötliche Mauern ragen an vielen Stellen empor. Seit langen Jahrhunderten wird hier Sandstein gebrochen. Ein Wort gehört im Grund allein den Steinbrechern: *Lauf zu!* Eine Wand kann plötzlich herunterkommen, jemand in Gefahr sein. *Lauf zu!* Wer es im Grund ohne Not ruft, muss zahlen. Die Partie der Dresdner führt von Mühle zu Mühle. Den Grund durchfließt die wasserreiche Wesenitz. Elisa stößt noch ein erhebliches Stück weiter in die Felsengegenden vor. *Der Eindruck, den die fantastisch geformten Felsengruppen in Wehlen auf mich machten, ist unbeschreiblich.* Es ist der Uttewalder Grund, der sie so entzückt.

Die Dresdner Reisegesellschaft war unterwegs auf einem Weg, der zum klassischen Weg in das Felsengebirge werden sollte. Seine erste Etappe führte von Dresden gewöhnlich nach Liebethal und Lohmen und dann durch den Uttewalder Grund auf die Bastei. Auf den nächsten Stationen besuchte man von Schandau aus den Kuhstall und ging weiter zu den Winterbergen und hinunter nach Schmilka oder Herrnskretschen. Nach einiger Zeit wurde die Tour durch den Besuch des böhmischen Prebischtor erweitert. Man rechnete für die Reise mit 3 bis 4 Tagen. Natürlich nach Möglichkeit nicht alles zu Fuß, aber für den Fußreisenden ließ sich nachlesen: *Man geht von Dresden (auf dem rechten Elbufer) nach Pillnitz, 2 Stunden (mit lohnendem Umwege über des Königs Weinberg, die Keppmühle und den Zuckerhut 3 ½ Stunde); von Pillnitz auf den Borsberg ¾ Stunden, in den Liebethaler Grund ¾ Stunden, zur Lochmühle ½ Stunde, nach Lohmen ½ Stunde, in den Uttewalder Grund ¾ Stunden, (nach Wehlen 1 Stunde) auf die Bastei 1 ½ Stunde.* Ein Einheimischer ging diesen Weg nicht. Er war eine Caprice der Auswärtigen und bekam den Namen »Fremdenweg«. Die Tourismusindustrie stilisierte ihn klangvoll zum »Malerweg«.

Ohne Frage gingen auch Maler über ihn in die Berge. Selbst richtige Schweizer darunter, wie der Kupferstecher Adrian Zingg und der Maler Anton Graff, die Mitte des 18. Jahrhunderts an die Dresdner Kunstakademie des Königs gekommen waren. Das kunstsinnige Sachsen, wo nach einem alten Wort die schönen Mädchen auf den Bäumen wachsen, bot den Malern Beschäftigung und prächtige Modelle. Schöne Mädchen in der Residenz und die bizarre Felslandschaft elbaufwärts. Zingg und Graff war das Felsgebirge »malerisch« wie die heimatliche Schweiz erschienen, doch dass sie deshalb die Väter des Namens »Sächsische Schweiz« wurden, ist für Zingg unsicher und für Graff schlicht falsch. Dafür kamen andere noch in Frage. Oder erhoben Anspruch. Die »Sächsische Schweiz« lebt mit einer umstrittenen Vaterschaft.

Der Disput, wer sie und den Namen unter die Leute gebracht hat, begann früh. Noch war alles sehr jung, als der Polizeikassierer Karl Friedrich Derle im August 1825 der angesehenen Dresdner »Abendzeitung« einen Artikel »Suum cuique«, »Jedem das Seine«, zuschickte: *Wie verlautet, soll den verstorbenen Predigern Götzinger und Nicolai, wegen der Beschreibungen, die sie von der sächsischen Schweiz gegeben und wodurch sie zu deren jetzt so häufigen Besuch ungemein viel beigetragen haben, in jenen Gegenden ein bleibendes Andenken, durch eine Felseninschrift, gewidmet werden. Dies ist ebenso billig wie verdienstlich.*

Allein, so weit mir bekannt, gab die erste Veranlassung *zum häufigern Besuch jener vorher fast nur ihren Bewohnern bekannten herrlichen Gegenden, der Kriegs-Kammer-Secretair Engelhardt, der in seinen, mit Veith'schen Kupfern verzierten »malerischen Wanderungen durch Sachsen«, davon das erste Heft 1794, das zweite 1795 erschien, und welche unter andern, Ansichten vom Kuhstall, vom Amselfall, von Hohenstein, vom Zirkel- und Golzenstein etc., die sächsische Schweiz gleichsam erst dem In- und Auslande aufschloß.*

Carl August Engelhardt hatte im Sommer 1792 als Mann von dreiundzwanzig Jahren mit seinem gleich jungen Freund, dem Maler Johann Philipp Veith, zum ersten Mal die *majestätischen Felsenhallen* besucht und war so bezaubert heimgekehrt, dass er überall Freunde und Bekannte zu Ähnlichem ermunterte und sogleich eine Beschreibung der Liebethaler Steinbrüche für den »Neuen Kinderfreund« schrieb. Als die »Malerischen Wanderungen« erschienen waren, wurde er über die Autorschaft hinaus Vertreter in eigener Sache. Die »Malerischen Wanderungen« waren wegen des Bilderschmucks von Veith ein teures Buch. Engelhardt verteilte zehn Belegexemplare an einige der renommiertesten Gasthöfe Dresdens wie den »Goldenen Engel« mit der Bitte, sie, besonders wegen der Veithschen Kupfer, den *Fremden* vorzulegen. Engelhardts Lohnbedienter Richter ging gleich selbst mit den Kupfern in die Gasthöfe und zu den *Fremden*, um sich ihnen als Kenner der Gegend und Reisebegleiter vorzustellen. Beide hatten Erfolg. Diener Richter materiellen. Nicht wenige mieteten ihn als Fremdenführer. Engelhardt nur ideellen. Die geplante Fortsetzung der »Wanderungen« scheiterte an der Kostenfrage. Nur zwei Hefte erschienen. Aber Engelhardt konnte später nach der Veröffentlichung des Polizeikassierers Derle der »Abendzeitung« schreiben: *Dies alles, in Verbindung mit dem Wege des Buchhandels, auf welchem jene Schrift ins Ausland gelangte, hatte bald die Folge, daß eine Menge Fremde, die zu Dresden einsprachen, nach der sächsischen Schweiz fragten und sie selten unbesucht ließen.* Engelhardt hielt Maß: *Übrigens darf auch nicht unerinnert bleiben … daß, gleichzeitig mit den malerischen Wanderungen, die Schandauer Badequelle in Ruf kam, welches zum Rufe der sächsischen Schweiz, besonders in Dresden, ungemein viel, ja wohl das Meiste beitrug.*

Womit Engelhardt haderte, war der Verzicht auf seine Vaterschaftsansprüche. Er hätte schon damals, bekannte er, den »Malerischen Wanderungen« lieber den Titel einer »Reise in die sächsische Schweiz« gegeben, wenn nicht der Verleger den allgemeineren Titel aus *bibliophilischen Rücksichten* für zweckdienlicher gehalten hätte.

Felsentor Im Uttewalder Grund

Die Zeitgenossen entflammte der neue Name durchaus nicht von einem Tag auf den anderen. Sie näherten sich ihm vorsichtig und manchmal recht gewunden. Ein gewisser Ysop Lafleurs, hinter dem sich ein schreibender sächsischer Biedermann verbarg, berichtete 1798 von »Meiner Herrschaft und meiner Wenigkeit romantische Reise in die sächsischen Sandsteingebirge an der Elbe«.

Friedrich Renner nannte 1802 seine Erlebnisse »Malerische Darstellungen aus Sachsen« und das Wort »sächsische Schweiz« wollte und wollte ihm in seinem Büchlein nicht über die Zunge gehen. Mal sprach er von der »Pseudo-Schweiz«, mal von »Saxo-Helvetien«.

Wilhelm Lohmann steuerte 1805, Verlagsort Bremen, einen Begriff mehr bei. Er erzählte von einer »Fußreise durch Sachsen und dessen romantische Schweizergegenden«.

Allein Pastor Nicolai hatte schon 1801 mutig von einem »Wegweiser durch die sächsische Schweiz« gesprochen, während Amtskollege Götzinger drei Jahre später seinen Guide immer noch vorsichtig nur »Schandau und seine Umgebungen oder Beschreibung der so genannten sächsischen Schweiz« nannte.

Nicolai wusste 1801 für seine Entschlossenheit starke Gründe: *Alle Schweizer die hergekommen sind, haben gestanden, daß sie sich hier in ihr Vaterland versetzt glaubten. Man hat daher angefangen, sie die sächsische Schweiz zu nennen.*

In der zweiten Auflage von 1806 lüftete Nicolai das Vaterschaftsgeheimnis noch ein Stückchen mehr: *Mancher Schweizer, der in dies Ländchen kam ..., äußerte, daß er sich hier in sein Vaterland versetzt zu sein glaube. Was war natürlicher, daß man anfing, von einer in Sachsen gefundenen kleinen Schweiz zu sprechen ... Der Name blieb also, wurde von einem Freunde der Naturschönheiten nach dem andern wiederholt. Eine neue Schweiz gefunden zu haben, gefiel. Die enthusiastischen Erzählungen davon machten Aufsehen, reizten die Begierde zu sehen. Man kam, fand was man wollte, mehr als man erwartet hatte. Es war richtig, es war die Schweiz. Der Name blieb und wurde beinahe allgemein. Nun! so sei es auch uns die Sächsische Schweiz.*

Nur wer die Schweizer waren, blieb Nicolai zu sagen schuldig. Und schon gar nicht fielen die Namen der Maler Zingg und Graff, denen später eine immer wieder fortgeschriebene Legende den Taufnamen zuschrieb. Vielleicht nannte sie Nicolai einfach nicht, weil es ganz irdische Schweizer waren, die eh keiner gekannt hätte, denn der alte Pastor erinnerte sich im Alter an eine Geschichte auf der Bastei: *So kam zum Beispiel der Verfasser 1795, in Gesellschaft eines jungen Schweizers, auf den Neurathen. Als er sich eine Weile umgesehen hatte, rief er aus: »Ach Gott! Hier ist die Schweiz. Das ist ganz wie bei uns.«*

Lediglich ein Schweizer unter allen Schweizern, die damals scheinbar auf Schritt und Tritt zu treffen waren, dämpfte 1822 mit einer Eintragung in das Fremdenbuch der Bastei den sächsischen Enthusiasmus, eine Schweiz zu sein:

Was brucht das Sachse Schwyzerland
Bis daß es ist e Vaterland?

Ein wenig höhere Flüh (Berge)
E wenig feistere Küh
E Rheinfall un e Thunersee
Un dazu noch e Hampfle Schnee
Das brucht de Sachse Schwyz.

Aber das war schon eine Zeit, wo der schüchterne Gebrauch des neuen Namens seiner allgemeinen Einbürgerung gewichen war. Rasch nahmen die Dinge ihren Lauf. Die Epoche neunzig Jahre später stimulierte einen Vereinsvorsitzenden zu der tiefgründigen Frage*: Was versteht man in der Gegenwart unter der Sächsischen Schweiz?* Sächsische-Schweiz-Gebirgsvereinsvorsitzender Professor Meiche kam in der überall nach Größe strebenden deutschen Gegenwart des September 1911 zu dem heroischen Schluss, es sei an der Zeit, sich auf eine »Große Sächsische Schweiz« zu verstehen *von der Lößnitz bis zur Oberen Schleuse, von Mohorn bis zum Valtenberge.* Der Vorsitzende hielt sich für bescheiden. *Der Name »Sächsische Schweiz« in diesem weiteren Sinne erscheint mir weniger anmaßend als in seiner ursprünglichen Beschränkung auf einige romantische Felsentäler, auch die Schweiz besteht nicht nur aus Alpen ...* Die vereinsmeierische Hoffnung, *dieser weiteren Bedeutung des Namens immer mehr zum Siege zu verhelfen,* scheiterte still. Es blieb bei den Anmaßungen eines Preußen, eines Kriegskammer-Sekretärs, der Pastoren und ihrer Schweizer.

Der Liebethaler Grund war das klassische Eintrittstor in die sächsische Schweiz. Er war weder besonders schön noch ausgefallen, seine Wände nur mäßig hoch und vielfach von der Steinbrecherei gezeichnet, aber er war die Ouvertüre. Eine unerhörte Begegnung stand bevor. Durch die Erde jählings ein Riss. In der heiteren vertrauten Landschaft der reizvollen Weinberge, freundlichen Felder und anmutigen Auen öffnete sich plötzlich ein Abgrund. Bis eben konnte man durch Flur und Wiesen, bebautes Land und ein Dorf mit Kirche und Schloss gehen, ohne dass ihn etwas verriet. Unvermutet tat er sich auf. Der Zugang, sagte Pastor Götzinger, gehe bei Mühlsdorf, *ganz nahe an dem nördlichen Rande des Grundes weg, welcher mit allerlei Strauchwerk so dick eingefaßt ist, daß dieses nur zuweilen auf die auf der entgegengesetzten Wand des Grundes stehenden Felsen durchzublicken erlaubt. Und da die Wesenitz unten oft sehr stille fließt, so würde man es kaum erraten, daß man so nahe an einem tiefen Abgrunde und oft reißenden Flusse wäre.* Und gleich ein Stück weiter bei Uttewalde noch einmal der jähe Einschnitt. *Wer sollte vermuten, was hier die Natur gebildet hat, wenn man bei diesem Dorfe steht, und was ihm doch so nahe liegt? Das nahe Gebüsch verbirgt Alles und scheint sich mit Fleiß so enge zusammenzuschließen, damit Jeder desto stärker überrascht wird, der in die Tiefe tritt, welche sie verdeckt.*

Kein Besucher, den nicht seine Gefühle überwältigen. Starke Worte fallen. Alles ist schauerlich und wild. Oder lieblich und wohltuend. Romantisch. Furcht einflößend. *Fürchterlich schön.* Die abgeteuften Wände der Steinbrecher zaubern den Eindruck der malerischen Ruinen einer im Feuer vergangenen prächtigen alten Stadt herbei. *In die-*

Restaurant auf der Bastei. 1852

sem romantischen Tale möchte ich, unbemerkt vom großen Haufen, mein Leben vollenden, seufzt Elisa von der Recke.

Der Gefühlssturm kam aus tieferer Seele, als ihn der Anblick von Felsen, Tannen, Schründen auslösen konnte. Aus der verdeckten Tiefe wehte die Vorahnung herauf, dass der scheinbar feste Boden des Lebens sich jederzeit öffnen und der Mensch vor seinen Abgründen stehen könne. Der empfindsame Reisende machte eine metaphorische Reise. Die Landschaft als Gleichnis. Er fühlte sich nicht unwohl dabei. Das Zeitalter liebte den lustvollen Schauder.

Welch ein Abstand gegen das entsetzlich Wilde, das man eben vor sich hatte, sagte der aus den dunklen Gründen von Liebethal und Uttewalde zur Bastei empor gestiegene Götzinger. Da war es wieder, das heitere Land, der Elbstrom in schönem Bogen, die Schiffe auf seinem Rücken, der in den Azur aufsteigende Königstein, die bunten Feldflächen, der übersichtliche Horizont der Felsketten, die blauen Luftgestalten der böhmischen Gebirge in der Ferne, das Wohlgefühl der hellen Gewissheit des Lebens.

Die Besucher drängten sich bald auf der Bastei. Zu Pfingsten 1812 lohnten sich bereits Bewirtung und Ausschank. Ein Metzger aus Lohmen begann mit Genehmigung des Fiskus Kaffee, Milch, Brot, Butter, Bier, Branntwein in kleinen Rindenhäuschen an-

Die neue Basteibrücke

zubieten. 1814 wurden zwei Felsenüberhänge zu Küche und Keller umgestaltet und die Aussichtsplattform über dem Elbtal bekam ein hölzernes Geländer. Bisher hatten die Forstbehörden hauptsächlich Wald und Wild beschäftigt. Nun kamen die Bedürfnisse eines reisenden Publikums dazu. Mit dem Jahr 1817 ließ der königliche Förster in Rathen den Zugang durch den Wehlgrund über die Vogeltelle ausbauen. 487 Stufen führten empor. Musikanten waren zu hören. Auf der Bastei erklang am Johannistag 1817 ein Blaskonzert und mancher Dresdner kam eigens deshalb aus der Residenz herbei. Glücklicherweise war gerade seit einiger Zeit das Abfeuern von Böllern verboten, die *das geschwätzige Echo* in den umliegenden Felsenwänden hatten *reizen* sollen. Bald waren nach dem Beispiel der Bastei an den besuchtesten Punkten des Gebirges »Harfenmädchen« zu treffen, die zu Herzen gehende Lieder sangen. 1826 endete die Zeit der gastronomischen Provisorien auf der Bastei.

Hofbaumeister Thormeyer aus Dresden errichtete einen massiven Gebäudekomplex nach »Schweizerart« mit zwei Speisesälen, Übernachtungsmöglichkeiten, Keller, Back- und Waschhaus. *Für alle Bequemlichkeit und Genüsse ist bestens gesorgt,* konnte Verleger Lehmann aus Dresden bei einem Besuch bald befriedigt feststellen. Dem Entzücken der romantischen Reisejahre, einen Sonnenaufgang in der freien Natur zu erleben, konnte man jetzt behaglich in einem Zimmer entgegenschlummern, denn *viele Fremde bleiben gern über Nacht hier, um die aufgehende Sonne beobachten zu können,* sagte der Zeitzeuge. Dem Kaffeegarten spendete Lehmann höchstes Lob, denn er gleiche einem Kaffeegarten in der Residenz. Und einmal im Gelände am Bauen, wurde 1826 vom Basteiplateau noch gleich eine Holzbrücke über die Felsen zum Neurathen, der alten Burganlage, geschlagen. Die Zeit der Abenteuer war kurz.

Der Reisende konnte sich mit dem Gespann von Rathewalde oder Lohmen herbeikutschieren oder im Tragesessel von Rathen heraufbringen lassen. Für den Winter kamen Schlittenpartien auf. Der Oberaufseher der Dresdner Antikensammlung, Karl August Böttiger, zog bei seinem Besuch im Sommer 1817 allerdings den Fußweg vor. Nicht der neumodischen Körperertüchtigung wegen, die gerade die Jünger des Turnvaters Jahn erfanden. Böttiger war ein Anhänger des Ästhetischen und seiner Wirkungen. Böttiger hatte einen Sinn für Arrangements. Wie er in Dresden des Reizes wegen durch seine Antikensammlung bei Fackelschein führte, so ging er hier zu Fuß. *Wir preisen jeden glücklich, der auf eigenen Füßen zu stehen vermag und so von der höchst pittoresken, engumschlossenen Uttewalder Talschlucht herauf sich die Überraschung von diesem unbeschreiblichen Panorama auf einmal verschaffen kann.*

Auch Böttiger machte eine metaphorische Reise. Und da er meinte, das Dichten zu beherrschen und auch sonst von sich ungemein überzeugt war, was ihm in Weimar, wo er einmal gewohnt hatte, das Missfallen Goethes eingebracht hatte, goss der Alleskönner die metaphorische Reise in ein metaphorisches Gedicht.

Auf der Bastei, den 18. Juni 1817

Klein erschien mir der Mensch, ich gesteh es, sah ich die Massen
Die einst mächtige Flut türmte zu Pfeilern empor.
Denn Jahrhunderte traten herauf, Jahrhunderte schwanden
Und kaum naget am Fels leiser Verwitterung Zahn.
Menschengeschlecht' erstanden, und Menschengeschlechte vergingen;
Allen trotzte die Stirn dieser erhabenen Bastei.
Dennoch – ich glaub' es, und der den Strom und die Felsen ins Sein rief,
Stärke den Glauben in mir! – lach ich des trotzenden Steins,
Der hier ewige Dauer mir lügt. Ich nur bin unsterblich.
Felsen verwittern. Der Geist schwingt sich unsterblich zu Gott.

Der Dresdner Maler und Arzt Carl Gustav Carus war ein bescheidenerer Besucher und er war ein Liebhaber der Basteinächte, wenn der Mond die Felsen und das Land mit seinen Strahlen *wie Windeshauch über Aœlsharfen streifend,* berührte.

Das Licht der Romantik, hier zauberte es. Es verwandelte die gewohnte Welt. Es machte schaubar, was die Romantik philosophierte. Auf tat sich ein Fenster zum Unbekannten. Carus war dem Zauber in Dresden an vielen Abenden nachgegangen. Ein Licht lag über der Stadt, wie es keine der Städte im Licht mehr erleben lässt.

Oktober nach dem Neumond. 1827. Abends 6 Uhr von Osten zur Stadt zurück, der Neumond steht zart in bläulich grauer Luft über dem Großen Garten … Die fernen Berge violettblau, dunkler die Baumpartien …

Juli 1832, nahe Vollmond. Ich gehe abends über die Terrasse … der klare Elbspiegel mit der tiefen ruhigen Färbung seiner Ufer … Ich kannte die Gegend kaum wieder und ging in stiller Betrachtung, das Gewimmel der Spaziergänger kaum bemerkend … auf dunkelndem Blau des Himmels der reine, noch weiß erscheinende Mond neben der Kuppel der Frauenkirche …

Im Oktober 1833 ist Carus wieder einmal auf der Bastei. Bei Nacht und Mondschein und fasziniert von Licht und Landschaft. Das säulenförmig getürmte Gestein mit seinen Klüften und Höhlungen, die Fichten und Tannen mit ihren Moosüberzügen, die aus dem Stein sich herausarbeitende Vegetation, welch wunderbarer Ort, *die Wirkungen des Mondlichtes in ihrer ganzen Mannigfaltigkeit und mit all ihren sehnsüchtigen Reizen zu zeigen.* Die romantische Welt, die Tieck, der Dichter, beschworen hat, ist hier zu finden.

Mondbeglänzte Zauberwelt,
Die den Sinn gefangen hält.

Carus möchte nicht für sich behalten, was auf der Bastei zu erleben ist. Wen es erfreut, *die geheimnisvollen Wirkungen des Mondlichtes in ihrer ganzen Schönheit kennen zu lernen, der versäume nicht, sie auch einmal in dieser eigentümlichen Bergnatur aufzusuchen.* Carus schreibt ein besonderes Reiseführerkapitel. Carus schreibt für einen Mondscheinführer durch die Sächsische Schweiz.

Was … alles für wunderbare Effekte auf dem Wege wo man vor der so genannten Bastei über die Felsenbrücken gegen Rathen hinabsteigt. Stelle Dich zunächst an das Ende der ersten Brücke, lehne Dich an den Felsen, der gegen die Elbe sich hinwendet, und blicke nun hinab in die gewaltige dunkle Tiefe, wo die Ufer und der Strom im nächtlichen Nebel zusammenfließen, und blicke nun wieder hinauf an die schroff vor Dir aufgetürmten, bleichen, vom hellen Mondlicht übergossenen Felsmassen, welche das Haupt in den dunklen Nachthimmel erhebend, von Sternen gleich Kronen umgeben wurden! – sieh dann vorwärts gegen das dunkle Felsentor am Ende der Brücken, durch welches, wie aus grauen Nebelschleiern gewoben, die weite Ferne und zuhöchst der Rosenberg sichtbar wird! – stelle Dich dann so, dass der Mond hinter einem nähern, bemoosten und heidebewachsenen Felsvorsprung sich verbirgt, dass von ihm nur der bleichgoldige Schein, wie die Glorie am Haupte des Märtyrers hervorleuchtet …

Unter allen Führern durch das Gebirge gibt es keinen zweiten Mondscheinführer.

Fünfzig Jahre nach der Entdeckung einer sächsischen Schweiz ist es auf der Bastei schon beinahe wie heute. Bauen und Besuch kannten keinen Stillstand. Die Holzbrücke über die Felsspitzen hatte zum Ärger der Besucher immer wieder wegen notwendiger Ausbesserungen geschlossen werden müssen. Im Oktober 1849 begann der

Cagliostro in Mitau

Bau einer steinernen Brücke. Eigentlich hatte es nur ein neues Teilstück werden sollen, doch der marode Zustand des alten Holzbauwerkes führte zu einer völlig neuen Überbrückung. Am 11. Oktober 1851 wurde das sich luftig über die Felsen schwingende Bauwerk eingeweiht. 9000 Taler und 37 670 Zentner Sandstein waren verbaut worden. Und wer hier oben stand und in das Elbtal hinunter schaute, sah auch dort gänzlich Neues. Rauchwolken von Lokomotiven. Eiserne Schienenstränge längs des Flusses. Eilige Züge. Am 6. April 1851 hatte die Dresden-Prager-Eisenbahn ihren amtlichen Betrieb aufgenommen.

Die Reisehandbücher folgten dem Fortschritt und in einem Exemplar von 1852 hieß es jetzt: *Die Bastei bildet den Hauptknotenpunkt des geselligen Reiseverkehrs der sächsisch-böhmischen Schweiz, und gibt während der großen Reisesaison eine Art Sammelplatz für die fashionable und nichtfashionable Welt Europas ab. An schönen Sommersonntagen und zumal zur Zeit der allgemeinen deutschen Völkerwanderung, in der Pfingstwoche, ist der Zusammenfluß von Menschen auf dieser wunderschönen Felsplatte so groß, daß kaum einige Erfrischungen und ein Sitzplätzchen zu erlangen sind. Das Treiben ist hier alsdann auch von der Art, daß man sich eher auf einem Jahrmarkte, als auf einem durch seine Naturschönheit ausgezeichneten Punkte zu befinden glaubt.*

Dass Elisa von der Recke, die Abenteurerin, noch einmal Abenteuer in der sächsischen Schweiz gesucht hätte, gibt es keine Nachricht. Aber auf Wagnisse ließ sich Elisa weiter ein. Sie unternahm eine große Italienreise zwischen 1804 und 1806 in Begleitung des Dichters Christoph Julius Tiedge, der das Lied geschrieben hatte »Schöne Minka, ich muss scheiden«, und beide wagten das Abenteuer des Zusammenlebens, wo immer Elisa war, auf Reisen oder in Berlin oder Leipzig oder Dresden, in einem gemeinsamen Domizil. Tiedge allerdings, Christoph Julius, der Wahl-Dresdner, der auf dem Neustädter Friedhof Begrabene, fand ein Andenken in der Sächsischen Schweiz. Auf der Bastei hat er eine Gedenktafel.

Die Wegweiser der Pastoren

Pastor Nicolai war ein Mann, der sich nicht nur um das seelische Wohl seiner Mitmenschen kümmerte. Auch ihr irdisches Wohlergehen lag ihm am Herzen. Er schrieb 1801 den Fremden, die auf einmal die Felsengegenden an der Elbe sehen wollten, das Gebrauchsbuch: »Wegweiser durch die sächsische Schweiz von H. C. Nicolai, Prediger an der Grenze dieser Schweiz in Lohmen«.

Solche Unterrichtung war mehr als nötig. Dichterische Reisebeschreibungen für das Lesevergnügen auf dem Sofa gab es seit langem. Doch bescheidene Informationsbücher für das Reisevergnügen unterwegs fehlten. Die schöne neue Gegend elbaufwärts hatte zwar einen Ruf, aber es fehlte an praktischer Unterrichtung. Landkarten waren eine Seltenheit. Wegweiser in Wäldern, Gründen, Bergrevieren natürlich unbekannt. Das Gewerbe der Fremdenführer erst im Aufkommen und solch Reisebegleiter nicht jedermanns oder seines Geldbeutels Sache. Etwas Eigenes für die Fremden musste her. Nicolai hatte sie oft genug in Lohmen in ihrer Ratlosigkeit erleben können. Er wusste, was sie brauchten. Einen »Wegweiser«. Pastor Nicolai war dabei, als in der Literatur ein neues Kapitel aufgeschlagen wurde

Bevor der Lohmener den ersten Reiseführer für die sächsische Schweiz verfasste, hatte er schon anderes Gemeinnütziges geschrieben. Über die Seidenraupenzucht zum Beispiel oder die Benutzung von einfachen Blechstreifen als wohlfeile Blitzableiter. Eine ganze Reihe von Gebäuden in Lohmen trug Nicolaische Blitzableiter. Das Pfarrhaus natürlich, die Oberförsterei und manches andere Gebäude. Das Pfarramt in Lohmen hatte Nicolai im Oktober 1797 als ein nicht mehr junger Mann angetreten. Er stand im 58. Lebensjahr. Nicolai suchte die ländliche Stille. Viele Jahre war er Direktor des Schullehrerseminars in Dresden gewesen. Und im Januar 1797 war ihm die Frau gestorben, Johanna Christiane Henriette Nicolai, geborene Marquardt, gewesene Kammerjungfer, Tochter eines Schneiders. *Es war ein armes Mädchen, sie machte mich aber durch ihre gute Haushaltung nach und nach zum wohlhabenden Manne. Sie brachte nichts zu mir. Ich hatte aber meine guten Verdienste. Gott segnete meinen Fleiß und ihre Wirtschaft. Wir lebten einfach und vergnügt miteinander. Ehe ein Kind kam machte sie Putz für andere Leute und half manches kleine Bedürfnis mit ihrem Verdienst bestreiten.*

Der Pastor war kein Sachse. Carl Heinrich Nicolai war »Ausländer« und auch armer Leute Kind. Er kam aus Berlin und war der Sohn eines Schuhmachers. Vielleicht war sein Reiseführer wegen dieser Herkunft so preußisch bescheiden, ganz ohne Illustrationen, von kleinstem Format, zum erschwinglichen Preis von 8 »guten« Groschen und nur mit einer kleinen Karte versehen, die die rechte Elbufergegend von Pillnitz bis zum Großen Winterberg zeigte, was genügte, denn das war die »sächsische Schweiz«, die man bereiste.

Nicolai wollte den Leuten etwas Praktisches in die Hand geben. Andere schrieben

Carl Heinrich Nicolai

empfindungsreiche Reiseberichte, er einen dienlichen Wegweiser. Wie steht es um Weg und Steg, wie weit kommt man mit dem Wagen, wo erhält man Speis und Trank: Der Reisende in Lohmen, der wünscht *etwas auszuruhen und durch eine Mahlzeit sich zur Fortsetzung des Weges zu stärken, geht, wenn er aus dem Hammerwerke herauf kommt, linker Hand durch das Dorf, bis zu der, zu dem alten Schloße gehörigen Hof der ietzt ein Vorwerk und Churfürstliches Cammerguth ist, das unter der Oberaufsicht des Herrn Cammerherrn und Creyshauptmanns von Carlowitz steht. Dem gegen über liegt der Gasthof, wo jeder Reisende gute Bewirtung findet.*

Das Dorf Lohmen schätzte der Pastor überaus. Ein Viertel seines Büchleins widmete er dem Liebethaler Grund. Er lebte in Lohmen mit sich zufrieden und nicht allein. Nach Lohmen war er mit seiner sechzehnjährigen Tochter Amalie und der Magd gekommen. Nach zweijähriger Witwerschaft war er inzwischen wieder verheiratet. Die Frau seines Superintendenten hatte ihm eine Pfarrerswitwe aus Pirna verschafft.

In seinem vor allen Dingen praktischen Reiseführer erlaubte sich Nicolai ab und zu auch eine historische Reminiszenz oder Anekdote. Da fand sich die von dem ziemlich umnebelten Knecht, der sich an einem Augusttag des Jahres 1784 auf einem umzäumten Felsvorsprung am Lohmener Schloss schlafen legte, nach einiger Zeit in ein imaginäres Bett kletterte, am Morgen mit gebrochenen Beinen unten im Grund erwachte und durch eine Gedenktafel unsterblich wurde.

Wie wunderbar die Vorsicht oft errette,
lehrt Hartmann uns – er glaubt, er steigt ins Bette
und stürzt, halb schlafend, in die Tief hinab,
und fand doch nicht den Tod in Wellen,
und fand – fiel er doch gleich acht und dreißig Ellen,
doch nicht durch diesen Fall sein Grab;
dankt Gott, der ihm zu helfen eilte,
dem Menschenfreund, der Pfleg' und Unterhalt ihm gab
und seinem Arzt, der ihn so glücklich heilte.

Den 18. August 1784

Nicolais praktisches Reisebüchlein hatte Erfolg. Der 1. Auflage von 1801 folgte 1806 eine zweite und 1811 entschlossen sich Götzinger und sein Dresdner Verleger Friedrich Pinther zu der Neuerung, den »Wegweiser« mit 12 Kupfern zu versehen. Die Felsengegend bekam ihren Buchmarkt und auf dem musste man sich behaupten. Andere Führer noch waren erschienen. Nicolais »Wegweiser durch die sächsische Schweiz« erreichte 1825 die 5. Auflage. Da stand für den Lohmener Pastor schon seit zwei Jahren ein schlichtes Sandsteinkreuz an seiner Kirche. Am 18. September 1823 war er vierundachtzigjährig halb blind gestorben.

Nicolais Amtskollege aus dem am Rande des Gebirges gelegenen Neustadt, Wilhelm Lebrecht Götzinger, hatte sich vor dem Lohmener schon als vertrauter Kenner der Gegend vorgestellt, doch brauchte er bis 1804, um endlich seinen Wegweiser »Schandau und seine Umgebungen« herauszubringen. Bereits 1786 war der damals achtundzwanzigjährige Magister Götzinger mit einer »Geschichte und Beschreibung des Chursächsischen Amtes Hohnstein mit Lohmen, insbesondere der unter dieses Amt gehörenden Stadt Sebnitz« hervorgetreten. Götzinger hatte sie nicht für ein Publikum reisender Fremder geschrieben. Sein Ehrgeiz war zuerst gelehrt und danach erst kam anderes. Unter den Dutzenden Kapiteln des Werkes rühmten zwei auch die Naturschönheiten des »Amtes Hohnstein« und empfahlen sie der Aufmerksamkeit der Schriftsteller: *... man nennt daher unsere Gegend mit Recht eine romantische Gegend, die einen Platz in den dichterischen Schilderungen von sächsischen Gegenden verdiente.*

Als Sohn des Ortspfarrers von Struppen bei Pirna war Götzinger ein sächsisches Landeskind. Er hatte bis 1780 Theologie studiert und saß seit seiner Magisterprüfung als Kandidat für ein Predigeramt herum. Gelegentlich vertrat er den Vater oder einen Amtsbruder beim Predigen. 1783 bekam er eine Hauslehrerstelle in Hohnstein. Aber das alles war nichts. Schon überhaupt nicht, als er ein Jahr später ein Mädchen, das »Lottchen«, kennen lernte und sich eine Romanze entwickelte. Was die beiden miteinander hatten, war, wie Liebe ist und doch selten. Lebrecht und Lottchen schrieben sich in ihrer Verlobungszeit mehr als hundert Briefe und hinterließen eine sächsische

Schloß Lohmen

Liebesgeschichte. Wenn der Magister Götzinger Lottchen heiraten wollte, musste er versorgt sein, damit er für sie sorgen konnte. Eine historische Abhandlung konnte auf dem Weg zu einer Pfarrei nicht schaden. Götzinger war ein energischer Mann. Das Geschlecht der Götzinger hatte andere Widrigkeiten schon bestanden als eine Pfarramtskandidatur. Götzinger kam aus einer honorigen Familie mit abenteuerlicher Herkunft.

Einer der Götzingerschen Vorfahren, ein fahrender Händler aus dem Salzburgischen in Österreich, hatte 1628 einfach seinen Sohn, der ihn auf den Touren begleitete, in dem sächsischen Städtchen Mittweida zurückgelassen. Was war in den Zeiten des Dreißigjährigen Krieges ein Menschenleben wert? Der Bursche kam davon, ging in die Schule, lernte den Beruf eines Messerschmieds und wurde der ferne Stammvater Wilhelm Lebrechts.

Phänomene haben Sehnsucht, erklärt zu werden. Ein Götzinger Biograf schrieb seiner »Beschreibung des Amtes des Hohnstein« *den wesentlichsten Anstoß zum Besuche dieser Landschaft* zu. Die Wirkung war bescheidener. Allein schon, weil die Auflage so winzig klein war und die landschaftlichen Ruhmesblätter sich in einer dicken historischen Abhandlung versteckten. Das gelehrte Buch würdigten Gelehrte. Besser: einer. Der schrieb 1787 im »Magazin der Sächsischen Geschichte«: *Ob es gleich nur der erste historische Versuch dieses geschickten Mannes war, so fiel er doch zur Befriedigung des größten Theiles seiner Leser aus …* Und dann reichte er ellenlang Urkunden, Anmerkungen, Druckfehler nach, nur nicht den kleinsten Hinweis auf Naturbegeisterung und Reisemöglichkeiten. Aber vielleicht drückten ihn dafür auch einfach zu viele Sorgen, denn in der Vorrede seines »Magazins« hatte er verzweifelt über den schlechten Verkauf geklagt und gedroht, *wenn mir's auch dies Jahr misslingt, so tret ich auf ewig zurück und werfe meine Sammlungen ins Feuer. Kopf und Herz, beides gehört meinem Vaterlande, ich weiß es; beides will ich ihm auch gern widmen: aber liebes Vaterland, hungern musst du mich dafür nicht lassen.*

Das Buch, das die Leute in die Felsengegend zog, sollte Götzinger erst noch schreiben. Was zu erwarten war, hatte er gezeigt. Es würde auch ein Führer in die Allmacht der Schöpfung werden. Die Naturschönheiten des »Amtes Hohenstein«, die Spalten, Höhlen und Felsen unterhielten *die menschliche Seele auf jedem Schritt mit Bewunderung* und *das Gemüt beim ersten Blick in Erstaunen, Bewunderung und Anbetung vor dem allmächtigen Schöpfer.*

Götzinger ließ sich mit dem neuen Buch Zeit. Oder war wieder sehr akribisch. Oder vom Glück mit Lottchen gefangen. 1788 hatten die beiden geheiratet. Nach dem Buch muss Götzinger häufig gefragt worden sein, denn 1802 erklärte er coram publico: *Ich mache aber auch zugleich bekannt, daß ich den vielen Aufforderungen endlich nachgegeben und eine vollständige und richtige Beschreibung der so genannten sächsischen Schweiz werde ausarbeiten, um sie dem Publikum bald vorzulegen. Da ich mit dieser Gegend vielleicht am vertrautesten bekannt bin, und bei meinen Reisen in dasselbe, sehr viele nur sehr wenigen bekannte außerordentliche Schönheiten und Merkwürdigkeiten entdeckt habe, welche ebenfalls gesehen und beschrieben zu werden verdienen, da ich darüber Tagebücher geführt, wie auch zu der alten und neuen Geschichte der Gegend so viel gesammelt habe, als mir das hat möglich werden können, und überdies sehr viele mineralogische, zum Teil sehr wichtige Entdeckungen gemacht habe, so hoffe ich dadurch in den Stand gesetzt zu sein, den Freunden der Natur und des Vaterlandes etwas Vollständiges und Sicheres über diese Gegend zu liefern.*

Alles, was sich Götzinger vorgenommen hatte, erfüllte er redlich in seinem 1804 in Bautzen gedruckten Buch »Schandau und seine Umgebungen oder Beschreibung der so genannten sächsischen Schweiz«. Es war der umfangreichste und sorgfältigste Wegweiser, der angeboten wurde. Er war *zu erhalten bei dem Verfasser und in Leipzig in Comission bei Benjamin George Fleischer, Buchhändler in der Grimmischen Gasse unter D. Bahrdts Hause.* Der brave Götzinger war alle Touren selbst abgegangen. Er zeichnete eigenhändig eine Reisekarte, weil *alle diese Gegend betreffenden alten und neuen Karten viel Unrichtigkeiten haben.* Und schließlich hatte er nicht vergessen, dass die Gegend nach *dichterischer* Schilderung verlangte und einen Reiseführer und ein Erbauungsbuch in einem geschrieben. Es geleitet durch die Schlünde und Gründe zu zweihundert Jahre fernen Seelenzuständen.

Der Ton ist pathetisch wie das Erlebnis. Der Fels kommt in *ungeheuren* Mengen vor. Dazwischen ziehen *jähe* Pfade und *bedenkliche* Fußwege an *fürchterlichen Tiefen*

Felsentor auf dem Neurathen

vorbei. *Ungeheure* Wände rahmen die Täler ein. *Merkwürdige* Höhlen öffnen sich. Die eben noch so schöne lebendige Ansicht vom Gipfel eines Berges wandelt sich beim Blick in eine andere Richtung *in die Gestalt eines furchtbar großen Rachens, aus welchem ungeheure Felsen wie Reihen Zähne herauf blöken. Es ist ein grausender Anblick.*

Unwillkürlich falten sich bei diesem Anschaun meine Hände, und mein Geist versinkt in demütige Anbetung des großen Baumeisters, der allein solche Wunder der Natur gründen und erhalten kann! Mit Weisheit hat der Ewige solche Gegenstände vor unsere Augen gestellt, daß wir ihn darin finden und kennen sollen.

Die Natur ist schön und schrecklich zugleich, sie kann erheben und verderben. Das Gute und Böse liegen in ihr dicht nebeneinander, wie in der anderen großen Schicksalsmetapher des Menschen, der Liebe. Der Mensch hat den Trieb nach Freude und sinnlichem Vergnügen, verkündet Pastor Götzinger von seiner Kanzel am Sonntag Invokavit, und diese unaufhörliche Begierde in uns sei ein rührender Beweis von der Güte unseres Schöpfers, denn sie zeige uns klar und deutlich, dass wir Freude genießen sollen. Aber.

Aber dieser Trieb wird auch der gefährlichste Feind unserer Tugend, wenn wir nicht über ihn wachen. Ach, wie viele Gefahren für viele Tugenden führt dieser Trieb nach Freude und sinnlichem Vergnügen den Menschen herbei. Nicht aus entschlossener Bosheit überläßt sich der Unzüchtige unkeuschen Trieben, er sucht nur Freude …

Als das Buch da war, nahm Götzinger für die Nachauflage ähnlich viel Zeit in Anspruch wie für die erste Auflage. Acht Jahre verstrichen, bis die *Zweite umgearbeitete und stark vermehrte Auflage nebst 8 Kupfern und einer erweiterten und verbesserten Reisecarte* 1812 im Verlag der Bergschen Buch- und Kunsthandlung, Dresden, erschien. Eine Menge war hinzugekommen, aber geblieben der klassische Zugang. *Von Dresden über Pillnitz die Richtung nehmend denke ich mir meine Reisenden.* Pillnitz, *den Lieblingsplatz des gütigsten und gerechtesten König,* in seine Beschreibungen aufzunehmen, weigerte sich der sächsische Schweizer entschieden: *Dieser Standpunkt hat nicht den schweizerischen, er hat den italienischen Charakter, und eben darum gehört er nicht in meinen Plan. Erst da, wo nackende Felsenzüge anfangen, hebe ich meine Beschreibung an …* Sie war schwärmerisch wie in der ersten Auflage. Ungeheure Säulen, Riesenmauern überall. Felsen, nie kleiner *wie zu den Wolken emporgethürmt.* Nicht allein Götzingers türmen sich seine Berge in den fernen Himmel. Götzingers pommerscher Pastorenkollege Gotthard Ludwig Theobul Kosegarten dichtet auf Rügen den Berg auf seiner Insel an:

Sieh da des Alten greises Haupt
Gedeckt mit glimmerndem Kristall!
Sieh, der Gewaltige
Streckt die beeiste Felsenstirn,
Gleich einem hellgeschliffenen Schild,
Gigantisch himmelan!

Sein Antlitz ist kometenrot
Des Scheitels kahle Glatz' erglänzt
Im bleichen Sonnenstrahl
Sein Diadem, sein Panzerhemd
Aus grünem Gletschereis.

Kosegarten bedichtet den »Rugard im Winter«, nicht einen Alpengipfel. Der Rugard erhebt sich auf Rügen zur stolzen Höhe von 91 Metern. Götzinger schwärmte mit ein paar Hundert Höhenmetern mehr Recht seine Berge an.

Auf die zweite Auflage seines Reiseführers muss man gewartet haben wie auf das erste Erscheinen des Buches. Götzinger fühlte sich zu einem erklärenden Wort an die Ungeduldigen verpflichtet: *Bei der Herausgabe dieser zweiten Auflage will ich diejenigen, welche mit dem Verzuge derselben nicht zufrieden seyn wollten, zuvörderst bitten, daß sie nicht vergessen, ich sei mit meinem besten Willen den Hindernissen der Zeitumstände unterworfen.*

Er wird die Not Sachsens und nicht das eigene Unglück gemeint haben. Lottchen war tot.

Sachsen ist Alliierter Napoleons und das Geld im Lande knapp. Gerade marschiert Napoleon auf Moskau zu. Er hat 21 000 Sachsen dabei. Die Katastrophe kommt erst noch. Mehr als 15 000 werden in Russland erschossen, erschlagen, verrecken, erfrieren.

Der neuen Auflage seines Buches von 1812 gab Götzinger 14 Verhaltungsregeln für Reisende bei. Die zweite: Um sich gegen einfallendes kühles Wetter, gegen kalte Winde und Zugluft auf den Bergen und gegen Regen zu schützen, muss man auch einen guten Oberrock mitnehmen, wenn man sich mit einem leichten Jäckchen bekleiden will, sowie auch ein paar Strümpfe zum Wechseln.

Und was trug der Soldat im weiten Russenland?

August besteigt den Lilienstein

Er kann als der erste bekannte Tourist gelten, der starke August, Kurfürst von Sachsen, 1708 nur dem Titel nach noch »König«. Seine kurze wirkliche polnische Königswürde hatte er zwei Jahre zuvor im Nordischen Krieg verspielt. Im Sommer 1708 war August am 26. Juli mit Gattin und Gefolge auf den Lilienstein gestiegen und dem Ereignis eine Denksäule gesetzt worden.

Fridericus Augustus, Rex et. Elector Sax. ut Fortunam virtute, ita asperam hanc rupem primus superavit, Aditumque faciliorem reddi curavit Anno 1708.

Wenigstens »Rex« durfte er sich nennen, den Krieg hatte er verloren, aber die inniggeliebte Titulierung verteidigt. Jetzt hieß er »König in Polen«.

Friedrich August, König und Kurfürst von Sachsen, erstieg mit eben dem Mute, mit welchem er sich über sein Schicksal erhob, diesen steilen Felsen zuerst und befahl, den Zugang ersteigbar zu machen.

War er nur des Liliensteins wegen gekommen, ein neugieriger Freund des Berges, ein Fürst auf Jagdausflug, oder trieb ihn anderes? In den Spielen der Macht Stärke zu demonstrieren, ist ein altes Ritual. König Friedrich der II. von Preußen ließ nach seinem fürchterlichen 7-jährigen Krieg das riesige »Neue Palais« in Sanssouci hinbauen, um die ungebrochene Macht seines Staates vorzuweisen. Vielleicht trieb den ungewöhnlichen August auf den Lilienstein, was die Denksäule aller Welt über seine Kraft und seinen Mut sagte. Er ließ extra einen neuen Weg auf den Berg anlegen. Vielleicht war er aber auch als besorgter Militär unterwegs. War die Festung »Königstein« wirklich uneinnehmbar? Er hatte probiert, den Lilienstein mit Geschützen vom Königstein zu beschießen. Vergeblich. Aber ließ sich vom höheren Lilienstein besser auf die Festung feuern?

August machte sich Gedanken über seine festen Plätze und seine Kanonen. Er ballerte öfter herum. Im August 1727 ließ er in Stolpen auf das Felsfundament der Burg schießen. Der Basalt zeigte keine Spuren, die Kugel zersprang.

Der Lilienstein hatte das Zeug, eine ernste Bedrohung der scheinbar uneinnehmbaren Festung Königstein abzugeben. Pastor Süsse aus Königstein spekulierte 1755 in seiner »Historie des Städtgens Königstein« über Dinge, die gewiss nicht nur dem Kirchenmann durch den Kopf gingen.

Diese Felsenvestung hat zwei Zugänge, einen auf der Süder – den andern auf der Nord-Ostseite. Die letzte ist sehr jähe und beschwerlich, der erste aber ist im vorgedachten 1708 Jahre als unser glorwürdigster König August den Lilgenstein bestieg, beqvmer angerichtet, und über die eine Schlucht gehende hölzerne Brücke desselben Wegs, mit Lehnen versehen worden. Höchstgedachte königl. Majestät geruheten damals, mit etlichen Dero vornehmsten Ministern eine kleine Tafel auf dieser Felsenhöhe zu halten …

Es könnte dieses Felsenfort durch die Kunst vollends so gut befestigt werden, als der

Lilienstein und Königstein

Königstein, und die von Natur auf beyden Seiten von Stein in die Höhe gehenden Bastions und Ecken, sind wechselweise so situiret, daß eine die andere wohl secundiret. Ohngeacht nun auch dieser Fels gedachtermaßen höher, als die über und an dem Elbstrom gegen über liegende Vestung Königstein ist, so, daß man vom Lilgenstein, die Ebene des Königsteins ganz übersehen kann, so kann doch kein Feind daselbst Posto fassen, und von daher dem Königstein nichts schaden, indem man mit Bomben von der Vestung Königstein den Lilgenstein nicht nur völlig erreichen, sondern so gar die Bomben über denselben weg werfen kann …

Die Sachsen verließen sich auf den Königstein. Sie hatten Recht und irrten.

König Friedrich der II. von Preußen begann 1756 einen schnellen Krieg, der sieben Jahre dauern sollte. Ohne Vorwarnung war er im August in drei Kolonnen in Sachsen einmarschiert, um den traditionellen Verbündeten Österreichs in seinem dritten Krieg um Schlesien im Handstreich auszuschalten. Dresden war schnell besetzt. Ohne Widerstand rückte Friedrich am 10. September in die von allen Truppen entblößte Stadt ein. Der erste Schuss des Krieges war fern der Residenz am Rand des Felsengebirges in Stolpen gefallen.

Am 3. September stand der preußische Generalmajor Waneri mit seinen Husaren vor der Stadt. Der feste Platz des Städtchens, die Burg, war unbesetzt. Die Invalidencompagnie, die in der »Festung« gelegen hatte, war schon vor Tagen nach der sächsischen Rettungsinsel, dem Königstein, abmarschiert und niemand zurückgeblieben, als der Stolpener Kommandant, Generalmajor von Liebenau, mit zwei anderen Offizieren. Liebenaus Anwesenheit war mehr nominell. In Person hielt er sich auf seinem Gut in Langenwollmsdorf auf und kam am späten Nachmittag des 3. nach Stolpen herüber, um nach seiner Festung zu schauen. Liebenau ritt über die herabgelassene Zugbrücke in den Burghof. Und gleich hinterher die Husaren. Der preußische Generalmajor ließ Appell blasen und der sächsische Generalmajor war zur Stelle. Waneri forderte Liebenau als Zeichen der Übergabe den Degen ab. Liebenau überreichte den Degen. Waneri feuerte den ersten Schuss des Krieges ab: dem Festungskommandanten bei der Übergabe eine Kugel in den Leib. Liebenau wurde mit der Kugel begraben.

Die Sachsen hatten sich in Richtung auf den Königstein und das sichere Felsengebirge zurückgezogen. Sie konzentrierten ihre Armee zwischen Pirna und dem Königstein, mit dem Dorf Struppen als Mittelpunkt. Sie hatten den Gedanken, sie von hier nach Böhmen und Polen zu bringen.

Die besten Ratgeber des Königs Friedrich August in dieser Zeit scheinen ein hellseherischer Mann und ein Narr gewesen zu sein.

In Prossen lebte ein Mann, den seine *Gesichte* quälten. Christian Hering lebte am Fluss unter dem Lilienstein mit Frau und Sohn und zwei Töchtern und betrieb den Fischfang. Man hörte den Elbfischer bei der Arbeit meist andächtig singen. In der Rede galt er als schwerfällig. *Gesichte* hatte er oft gehabt, aber dann viele Jahre nicht mehr bis in das Jahr 1756. Von März an ging er immer wieder zu seinem Beichtvater, dem Pastor Süsse in Königstein, und sagte, eine große Angst sei in ihm Tag und Nacht, und er habe dem Allergnädigsten Landesvater ein großes Unglück zu entdecken. Süsse gab, nach einigem Zögern, seinem Beichtkind ein Empfehlungsschreiben an den Dresdener Hof und Anfang August hatte der Prossener Mann Zutritt bei einem Minister und der hörte: der Herr, unser Gott, hätte ihn sehen lassen, dass nächstens ein großes Ungewitter entstehen würde, durch welches das sächsische Vaterland mit Krieg überzogen. Es werde zuerst die Elbgegend und zwar seine Heimat an der Elbe betreffen. Hierbei würde es hart hergehen. Und dieses Ungewitter sei sehr nahe …

Den anderen guten Rat gab dem König Friedrich sein Hofnarr Joseph Lippert. Da war der Krieg schon ausgebrochen und die Sachsen auf dem Wege in ihre uneinnehmbare Festung. Der Hofnarr Lippert prophezeite Friedrich August und seinen Ministern, sie würden aus der Struppener Stellung nicht nach Böhmen entkommen, sondern alle wie in einer Mausefalle gefangen werden.

Tagsüber ist der Monarch in der festen Stellung im Struppener Herrenhaus bei seiner Armee, die Nächte verbringt er auf dem Königstein.

Preußens Friedrich greift nicht an. Sollen sie dort still stehen, hungern, frieren, es ist Herbst. Vielleicht gehen sie zu ihm über.

Der Lilienstein

Er gewinnt am 30. September elbaufwärts in Lobositz eine Schlacht gegen die Österreicher. Die Sachsen sitzen fest. Die Preußen haben die Dörfer ringsum besetzt, die Elbe unten bei Pirna und oben bei Schandau gesperrt. Links und rechts vom Lilienstein Verhaue angelegt. Der Marquis 'd Argens schreibt der preußischen Majestät am 2. Oktober aus Potsdam einen Brief und schreibt ihr, dass ganz Europa von dem Rufe ihrer großen Taten widerhalle. *Doch eins, Sire, macht mich traurig. Man sagt: Sie hätten mir nichts dir nichts, sechs und dreißig Stunden, ohne die geringste Nahrung zu sich zu nehmen, hingebracht, ja Sie hätten am Abend vor der Schlacht sich nicht einmal so viel Zeit genommen, nur einen Bissen zu essen. Ich bitte Ew. Majestät an die schöne Stelle des Palladium zu denken: das Brot macht den Soldaten … Erhalten Sie die Sachsen beim Fasten, so lange Sie wollen, darein willige ich von Herzen gern; aber geben Sie ihnen ja nicht das verderbliche Beispiel, ohne Essen sich halten zu können.*

Die kleinen Rationen der Sachsen werden kleiner, die zwei Lot Fleisch die Woche fallen weg, das Brot wird halbiert, Puder statt Mehl an die Suppen geschüttet, die Pferde fressen Stroh, die Menschen fressen die Pferde, bei den Bauern wird das Korn requiriert, was Schmuggler durchbringen, landet auf den Tischen der Offiziere, der sächsische Friedrich August zieht sich ganz auf den Königstein zurück und schaut gelegentlich nach den Soldaten. Was mit ihnen ist, soll man ihm angeblich verschwiegen haben. Ein Geschrei der Landeskinder, *Vater, Brot!,* vom Gefolge zum Freudenruf gemacht worden sein. Er selbst, der gute König, kann nicht hören, kann nicht sehen. Doch essen.

Die Preußen lassen Tag für Tag seinen Küchenwagen durch ihre Absperrung zum Königstein passieren. Dort oben feiert Friedrich August am 17. Oktober seinen 60. Geburtstag mit den Trompetern und Regimentspfeifern seiner Armee.

Die Sachsen müssen zu den Österreichern und aus dem Kessel, wenn die Armee nicht verloren sein soll. Der Plan ist, die Österreicher werden ihnen aus Böhmen entgegenkommen bis an den südlichen Rand des Gebirges bei Mittelndorf und die Sachsen werden bei Thürmsdorf gegenüber vom Lilienstein in der Nacht auf das Ufer der Österreicher gehen. Der Termin, Montag, der 11. Oktober. Zwei Kanonenschüsse vom Königstein im Morgengrauen sollen den Österreichern das Zeichen der geglückten Operation sein. Dann aufeinander zu und alles an Preußen niedergehauen, was dazwischen ist.

Das österreichische Hilfskorps ist pünktlich am 11. abends bei Mittelndorf und biwakiert im Wald. Die zwei Kanonenschüsse, auf die es wartet, sind am Morgen nicht zu hören.

Seit Freitagnacht, 8. Oktober, haben die Sachsen vergeblich eine Schiffbrücke über die Elbe zu schlagen versucht. Die preußischen Kanonen feuern und feuern. Die Elbschiffer fliehen. Endlich, Mittwochnacht, steht die Brücke. Es ist der 13. Oktober. Die sächsische Armee strömt seit 1 Uhr aus dem Kessel über Thürmsdorf auf den Übergang zu. Sie lassen Kanonen zurück, Pferde, Ausrüstung. Der schmale Weg zur Elbe hinunter ist verstopft. Die Preußen attackieren die Abziehenden und verstärken sich drüben im Norden. Unter dem Lilienstein führt an der Übergangsstelle nur ein schmaler Weg nach oben auf die »Ebenheit«. Ihn blockieren umgestürzte Munitionswagen, stecken gebliebene Kanonen, gefallene Pferde. Es ist die klassische Situation der Auflösung einer Armee auf der Flucht. Gegen Abend sind die Sachsen endlich auf der anderen Elbseite. 14 000 Mann biwakieren auf freiem Felde unter dem Lilienstein. Es regnet seit Tagen. Es ist kalt. Nun Donnerstag, der 14. Oktober.

Der preußische König ist auf die Nachricht von den Ereignissen aus Lobositz herbeigeeilt und hat sein Quartier im geräumten Struppener Schloss genommen. Der sächsische Friedrich August befiehlt vom Königstein den Durchbruch seiner Armee nach Mittelndorf. *Sterbt wie Soldaten für euren König und das Vaterland.* Von der Festung erschallen die zwei Signalschüsse. Sie dringen durch das Wetter nicht nach Mittelndorf, wo die Österreicher im Abziehen begriffen sind. Der Oberbefehlshaber der Sachsen, Feldmarschall Rutowski, berät sich mit seinen Offizieren. Diese Armee unter dem Lilienstein kann nicht mehr kämpfen. Es regnet noch immer. Die Männer liegen auf den Feldern. Es gibt nichts zu essen. Freitag, den 15. Oktober, reitet Rutowski nach Struppen und bietet die Kapitulation an. Die erste Bitte ist: Brot.

Johann Christian Clausen Dahl, Mühle im Liebethaler Grund

Christian Friedrich Gille, Mondscheinstudie

Carl Wilhelm Kummer, Felsen am Lilienstein ▷

Carl Gustav Carus, Abend an der Elbe

Die Preußen verteilen nach der Übergabe an jede Kompanie zwanzig sechspfündige Brote. Die Offiziere werden gegen das Ehrenwort, nicht mehr zu dienen, freigelassen. Die Generale an die Tafel des preußischen Königs in Struppen eingeladen. Der Fürst Friedrich August bekommt auf dem Königstein Pässe nach Warschau. Am 17. Oktober geht der preußische Friedrich bei Rathen über die Elbe und reitet hinauf nach Waltersdorf. In der Waltersdorfer Flur defilieren die gefangenen Sachsen an ihm vorbei und legen die Waffen nieder. Dann marschieren sie nach Rathen und werden nach Thürmsdorf geführt und in preußische Uniformen gesteckt und gezwungen, auf Friedrich II. den Treueeid zu schwören.

Die Offiziere fühlen sich, je länger der Krieg dauert, nicht mehr an ihr Wort gebunden. In Leipzig öffnen sächsische Garnisonssoldaten die Tore und fliehen. In Wittenberg zwingen Soldaten ihre Befehlshaber, sich zu ergeben. In Gefechten laufen ganze Kompanien zu den Österreichern über.

Bei dem Krieg gegen Österreich von 1866 sind die Preußen wieder so schnell in Sachsen wie vor hundert Jahren. Und wieder sind die Sachsen in den deutschen Angelegenheiten in einer Allianz, in der sie verlieren werden. Noch nicht lange her, haben sie als Alliierte Napoleons verloren. Den Preußen hilft das Zündnadelgewehr. Den Sachsen die Eisenbahn. Das neue, schnellladende Gewehr hat eine ungekannte Feu-

Die Sachsen strecken 1756 die Waffen

erkraft. Auf der neuen Eisenbahn zwischen Dresden und Prag können die Sachsen ihre Truppen nach Böhmen in Sicherheit bringen. Die Festung Königstein bleibt unangetastet. Vieles ist so ähnlich wie vor hundert Jahren.

Die Preußen geben sich auch diesmal keine Mühe, den Königstein zu nehmen. Der Besitz der Festung hilft den Sachsen nicht. Die Preußen schlagen ihre Schlachten in Böhmen. Aber der 1. Schuss des neuen Krieges fällt wieder im Felsengebirge, diesmal am Lililienstein. Es ist ein sächsischer Warnschuss.

Als die preußische Elbarmee am 21. Juni bei ihrem Marsch von Dresden über Stolpen nach Schluckenau bei Hohnstein biwakiert, streift die berittene Seitendeckung im Gebiet des Liliensteins. Auf einen auf seinem Plateau sichtbar werdenden preußischen Beobachtungsposten wird vom Königstein aus ein Geschütz abgefeuert.

Mitte August reist Theodor Fontane dem von den Preußen gewonnenen Krieg hinterher. Preußen und Österreich haben am 26. Juli in Nikolsburg einen Präliminarfrieden abgeschlossen. Fontane verdient sich ein gut Teil seines Geldes als literarischer Kriegsberichterstatter. Er hat ein Buch über den deutsch-dänischen Krieg von 1864 geschrieben. Er wird ein Buch über den deutsch-französischen Krieg von 1870/71 schreiben. Jetzt über den Krieg mit Österreich. Fontane ist mit dem Zug von Dresden aus nach Prag unterwegs. Es ist die Strecke durch die Sächsische Schweiz. *Die Fahrt, das Elbtal hinauf, ist entzückend, und die viel genannten Felspartieen, kommend und gehend, umtanzen fast den Reisenden, wie Bäume des Waldes.* Dann kommt der Königstein in Sicht und Fontane erinnert sich an die preußischen Leutnants, mit denen er am Abend zuvor auf der Brühlschen Terrasse gesessen hat und die die Kühle des Abends durch eine ständig wachsende »Batterie« von Flaschen bekämpften.

Die Herren erzählten unter Lachen, daß es ernstlich beabsichtigt gewesen sei, den Königstein vom Lilienstein aus zu beschießen. »Pourquoi tant de bruit pour une Omelette«. »Wir nehmen irgendwo Position, hoch oder niedrig, schießen das Waldplateau in Brand und räuchern die Besatzung aus ihrem Felsennest heraus.« Ich referiere nur. Junge Artillerie Offiziere haben leicht etwas Schwärmerisches und sehen den 24 Pfünder mit dem Auge einer ersten Liebe an.

Vier Jahre später marschierten die Sachsen ungezwungen mit den Preußen gegen Frankreich.

Die gemütlichen Alpen

Die Fremdenführer, die die Reisenden durch das Gebirge geleiteten, waren sich 1834 sicher, wer das Bergland unter die Leute gebracht hatte. Sie befestigten am Brückenfelsen auf der Bastei eine Gedenktafel.

Dem Andenken zweier ehrwürdiger Männer: Herrn Karl Heinrich Nicolai, geb. den 26. November 1739 zu Berlin, gest. am 18. Dezember 1823 als Pastor emeritus zu Lohmen und Herrn Mag. Wilhelm Lebrecht Götzinger, geb. Zu Struppen am 1. September 1758, gest. am 23. April 1818, als Pastor in Neustadt bei Stolpen.

Sie waren diejenigen, welche zuerst die Blicke der Fremden auf diese Gegenden leiteten. Durch sämtliche verpflichtete Führer errichtet 1834.

Die Pastoren waren in die Geschichte eingegangen. Andere mussten sich mit Bibliothek und Archiv begnügen. Trotz ihres Echos bei den Zeitgenossen. Sie alle hatten sich poetisch -ästhetisch versucht, »Malerische Wanderungen« geschrieben und Carl Julius Hofmann, auch ein Lohmener, 1842 sogar einen Reiseführer in »gebundener Rede«, eine sächsische Schweiz in Gedichten.

Der Ottowalder Grund mit seinen Nebengründen
Von Lohmen steht des Pilgers Sinn
Zum Ottowalder Grunde hin,
Und in getheilter Stunde
Langt er in Ottowalde an,
Und – plötzlich steht der Wandersmann
Hoch über'm Felsengrunde!
Der, von des Waldes Kranz bedeckt,
Vor seinem Blicke lag versteckt.

Er schaut die hohen Wände an,
Die kaum sein Blick erreichen kann,
In heiligem Empfinden:
Ihm wird's so sonderbar zu Sinn,
Er blickt fast ängstlich um sich hin;
Und kann kaum Worte finden:
Das Wunderbare, was er sieht,
Ergreift gewaltig sein Gemüth.

Der überraschte Fremde schweigt.
Voll Staunen steht er da – und steigt
Zum tiefen Abgrund nieder.
O Gott! Wie wird's ihm da zu Muth;
Zum Herzen wallt's mit voller Gluth,
Ihm schauert's durch die Glieder:
Denn, wie in and're Welt versetzt,
Steht in der schmalen Kluft er jetzt.

Die Felsen ragen schroff empor
Und starren schauerlich hervor.
Der wilde Schleifgrund hinten
Wird nun zuerst hier aufgesucht,
Durch tiefe »grausig« stille Schlucht,
An düstern Nebelgründen.
Jedoch man weilt nicht lange dort
Und geht im Hauptthal weiter fort.

Avantgardistisch setzte der Autor der »Albina« schon 1818 auf die Kraft der Bilder bei der Gestalt seines »Taschenbuch für Wanderer in der Sächsischen Schweiz«: *Aufgefordert, zu den neuen Ansichten, welche Hr. Professor Richter in Dresden, von vielen Gegen-*

Basteifelsen bei Rathen

den des meißnerischen Hochlandes geliefert hat, eine Erklärung zu schreiben, glaubt der Verfasser dieselbe am besten an dem Faden eines Wegweisers aufreihen zu können.

Die Kollegen Schriftsteller folgten gebräuchlicheren Mustern, ihren Darstellungen Charme zu geben. Mit Vorliebe vertrauten sie die Beschreibung einem die sächsische Schweiz durchstreifenden Reisenden an. Er trug kein Gepäck, aber tüchtig Heimatkunde.

Kleinigkeiten, sagt ein Freund zum anderen in einem Buch von Renner, als der Mann von seinen Wanderungen in der Umgebung der Residenz schwärmt. *Unsere Schweiz müssen Sie erst besuchen, die verhält sich zu dem, was sie bisher sahen, wie ein –.* Auf der Stelle fragt der voreilige Schwärmer nach der alles andere übertreffenden Landschaft.

Die Schweiz? Sagen Sie, die Schweiz? Frug ich hastig, seine Parabel in ihrer Geburt erstickend; und in diesem Moment schüttete meine Reminiszenz das ganze Füllhorn vierjähriger ehemals dort genossener intuitiv optisch sentimentalischen Freuden über mich aus. Autor Friedrich Renner, Dresden, modelt sich 1802 so den Einstieg in seine »Malerischen Darstellungen aus Sachsen«.

Aufs Stichwort ruft sein Mann, *also auch hier ein Nachdruck des unerreichbaren Prachtwerkes der Natur, den muß ich sehn; er sei mir willkommen!* Der Freund bestürmt den Freund, der als Kenner diese Gegend oft durchwandert, sie ihm ausführlich zu schildern. Der Kenner weiß Besseres: *Ich will Ihnen die Blume des ersten Genusses nicht welken. Jedes Product der Dichtung, fuhr er fort, sey es Roman, oder Schauspiel oder verkörpertes Ideal des größten plastischen Künstlers, reizt stärker durch Neuheit und Überraschung, und ich könnte den hassen, der mir durch eine matte Erzählung und kalte Beschreibung diese hymenäische Wonne raubt.*

Das Tableau einer gefühlvollen Reisebeschreibung ist beisammen. Der Kenner ergreift Feder und Papier und entwirft dem reisenden Freund und den künftigen Besitzern des Werkes eine *bequeme nicht leicht zu verfehlende Reiseroute.* Es ist die klassisch bekannte. Aber eine Message enthält nur dieses Buch.

Engländer haben das Felsengebirge entdeckt!

Die Vorherrschaft der Schweizer ist gebrochen.

Bis Pillnitz schwimmt unser Mann auf einem Schiffchen, dann geht er landeinwärts durch die Hügel und *ein angenehm grünendes Tannicht, und wo dieses zu Ende, Getreideschwangere Felder und blumigte Wiesen auf der anderen Seite ... bis an den Liebethaler Grund, die erste Provinz des Jahrtausende unbesucht gebliebenen, vor wenig Jahren von einigen stets ihren Zweck, sey es zum Wohl der Menschheit, oder bloß zum Vergnügen der Fußpfad schöner Natur, bis zur Vollendung verfolgenden englischen Columben neu entdeckten, izt von meistens nur nachahmenden Deutschen häufig bewallfahrteten Saxo-Helvetiens.*

Drei Jahrzehnte später hat der Reiseführer als Reisegeschichte nichts von seiner Anziehungskraft verloren. Auch Autor J. G. Lehmann hat 1837 gleich auf der ersten Seite seines Guides »Drei Tage in der sächsischen Schweiz zur Erinnerung an dieselbe« den unentbehrlichen Freund zur Hand: *Wem könnte ich wohl lieber, und mit mehr Herzensfreudigkeit diese auf einer Wanderung entstandenen flüchtigen Blätter widmen, als Dir theurer Freund ...*

Die diesjährigen Ferien hatte ich zu einem Besuche meines Onkels in Dresden bestimmt, dort angelangt fand ich dessen Sohn Julius nebst unserem Freunde Eduard entschlossen, einen Ausflug von drei Tagen in die sächsische Schweiz zu machen; ich ließ mich leicht zur Theilnahme bereden und das nächste Morgenroth fand uns schon auf dem Wege.

Vom schönsten Wetter begünstigt, waren uns diese drei Tage zu den genußreichsten geworden, von welchen Du in den beifolgenden Blättern eine gedrängte Beschreibung erhältst, die Dir zugleich als Führer *dienen kann.*

Julius, Eduard und Herr Lehmann beschreiten den Fremdenweg. Sohn Julius kennt sich bestens aus und führt zu den *Merkwürdigkeiten.* Beim Glockenschlag Vier von der Kreuzkirche ist das Kleeblatt bei *des Mondes bleichem Licht* in der Residenz aufgebrochen. Im Morgendämmer werden die Drei an den drei Tagen in der sächsischen Schweiz nun beständig munter und reisefertig sein. Sie sind Frühaufsteher aus Gefühl.

Über einer romantischen Reise stehen die Sternzeichen von Sonne und Sonne.

Julius trieb zu so frühem Aufbruch, um bei den ersten Strahlen der Sonne auf dem Brande zu sein. Das Panorama der Berge ist auf der Felskanzel über dem Polenztal von wilder Schönheit. Der Morgen prangt. Die Sonne leuchtet hell. Ohne zu stören. Die Glocken der nahen Dörfer vereinen sich mit dem Gesang der Vögel. *Mit den so innigen und reinen Gefühlen, die uns hier beseelten, stimmten ein paar Verse aus dem dasigen Fremdenbuche, welche ich mir notirte und sie dir beisetze, überein.*

Wie ist der Himmel so blau,
Wie weht so mild die Luft,
Wie strahlt die Flur im Morgenthau
Und streut balsamischen Duft.

W. LR. aus Leipzig 28. Septbr. 1835

Weit weg waren noch die prosaischen Handbücher des nächsten Jahrhunderts. Wer in diesem reiste, wollte empfindungsvoll unterrichtet werden, was die Gegenden für Gemüt, Seele, Herz, Sinn boten. Es waren die gefährlichsten Pfade durch das Felsengebirge. Welche Abstürze drohten. Doch unsere Autoren kannten keine poetische Höhenangst. Und oft stimmten sie auch in den Tälern verblüffend überein. *In diesem romantischen Tale möchte ich, unbemerkt vom großen Haufen, mein Leben vollenden,* hatte Elisa von der Recke im Liebethaler Grund geseufzt. Elisas Wunsch überkommt auch Eduard in Elisas Tal. *Wenn ich je ein Einsiedler werden sollte, so würde ich vor allen diesen Ort wählen, der ganz dazu geeignet ist, das unruhige Drängen und Treiben der Welt zu vergessen, dem es aber bei aller Wildheit an Lieblichkeit nicht fehlt.* Lachend ziehen die Freunde Eduard auf die Treppe zum Dorf Dauba hinauf, wo ein bequemer Weg nach Lohmens Gasthaus führt.

Es ist die Landschaft des schönen Grauens. Es ist die Zeit des schönen Grausens. Was wünschen wir uns mehr. Die wilde Wesenitz tobt im Grund, aber, welch Glück, in *unübersteiglichen Felsenufern.*

Pastor Götzinger weist uns in einen Grund fern dort hinten an der Oberen Schleuse. Wir klimmen eine Felswand entlang und werfen einen *scheuen Blick in die fürchterlich rauschende Tiefe … Ist man in die ganze Tiefe des grausen Grunde eingetreten, so scheint die Oberfläche wie verschwunden zu sein.* Doch, verlässliches Glück, nie kommt es zum Äußersten. *Gehörige Vorsicht entfernt aber alle Gefahr, und das nie gesehene Werk der Kunst und Natur und der erschütternde Anblick, den man da unten in der Größe hat, lohnt den mühsamen Weg reichlich. Welch echt schweizerisch Anschaun …*

Es ist die Schweiz der gemäßigten Schweizer Abenteuer. Die Jedermann-Schweiz. Die sächsischen Sächsische Schweiz-Beschreiber haben diesen Vorzug von Anfang an gepriesen. Gleich 1803 stand in den »Pitoreskischen Reisen«: *Leichter und mit geringerem Kostenaufwande kann man sich durch eine Reise in die Täler und Gebirge des gesegneten Meißner Hochlandes vollkommen für jene der berühmteren Schweiz entschädigen.*

Aussicht vom Brand

Bei Pastor Götzinger hat sogar der Originalschweizer mehr davon, hier, anstatt zu Hause unterwegs zu sein, denn die berühmten reisenden Schweizer haben ihm anvertraut, dass sie ihre Heimat *hier nicht nur im Kleinen wiederfanden, sondern auch die hiesigen kleinen schweizerischen Gestalten mit mehr Leben, Abwechslungen und Annehmlichkeiten, aber auch mit weit weniger Mühseligkeiten und keinen Gefahren in einem so kleinen Bezirke.*

Die Alten hatten beachtlichen touristischen Verstand. Sie brachten die gemütlichen Alpen auf den Reisemarkt.

Götzingers Liebesgeschichten

Am dritten Pfingstfeiertag 1776 machte der junge Götzinger seine erste große Reise. Er sagte Vater, Mutter im heimatlichen Sebnitzer Pfarrhaus Lebewohl, um nach Wittenberg an die Universität zu gehen. Natürlich Theologie zu studieren. So hatten es der Vater, der Großvater und der Urgroßvater gehalten, und was anderes sollten der Bürger kluge Kinder auch tun? Gottseidank waren die Kirchen voll.

Wilhelm Lebrecht war ein empfindsames Kind des empfindsam genannten Zeitalters. Er las viel, musizierte, studierte und sehnte sich nach Hause. Er las in Wittenberg den »Götz von Berlichingen«, und was er las, erfüllt ihn mit Abscheu. Von Goethe, dem Dramatiker, hält er gar nichts. *Nach dem Colleg holte ich mir bei Reinhard Goethes Schriften. Ich las bis um 8 Uhr den Götz von Berlichingen. Ein schlechtes Stück, das Goethe keine Ehre macht ... Es ist ungewöhnlich lang, dass einer im Lesen fast 3 Stunden braucht. Ungeheuer viel Personen, Pferde. Jeder Auftritt ein anderes Prospekt und Ausdrücke, die nur dem Pöbel gefallen können. Götz heißt gar dem kaiserlichen Trompeter am Arsche lecken. Der kaiserliche Hauptmann flucht Tausendsakrament zu seinen Soldaten und heißt sie Scheißkerle. Wäre Harlekin noch auf dem auf dem Theater so würde er mit diesem wahrlich viel Ehre machen, denn er braucht dergl. Ausdrücke nicht selbst viel zu erdenken, denn der Herr Autor hat ihn der Mühe überhoben ... Ich las noch den Clavigo. Ein mittelmäßiges Stück, das als ein Trauerspiel wenig rührt.* Götzinger liest den »Werther« und ihn ergreift das Wertherfieber. Es ist der 12. Februar 1777. Schon in der Frühe ist ihm so seltsam zu Mute.

Gott! Welch ein Morgen! Welch ein Tag! Den ganzen Morgen geh ich in tiefster Schwermut herum. Meine Brust ist so eng, so beklemmt! Manchmal brech ich in die heißesten Tränen aus. Ich schreib etwas von der Dogmatik. Im Collegio konnte ich vor Angst fast gar nicht acht geben ... Hernach las ich den Werther. Gott wie traurig, wie niedergeschlagen ward ich. Meine Mittagsmahlzeit habe ich voller Angst hineingessen. O, ich weiß es nicht zu beschreiben. Unzähligmal sind mir Tränen ausgebrochen. Ein Gedanke drängt den anderen.

Der Student der Theologie hat eine Neigung zur Literatur. Sollte er nicht auch schreiben? Gedichte macht er sowieso.

Nach den Ostertagen 1778 ist Götzinger nach einem Jahr Universität zu Besuch in Sebnitz. Der Vater hat den Wunsch, seinen Sohn zu sehen. Der Sohn den Wunsch, bei Vater und Mutter zu sein. Zum neuen Semester geht es mit der Post zurück nach Wittenberg. Einige Meilen nur und seltsame Reisegefährten gesellen sich hinzu.

Gerade ist die Post aus Stolpen heraus, wird hinterhergerufen, man solle halten. Der Postmeister auf dem Bock fährt weiter. Das Gefährt ist voll. Die Rufe werden lauter und flehentlicher. Um Gottes willen, haltet! Götzinger schaut sich um und sieht eine junge Frau. Ordentlich gekleidet und hochschwanger. Sie weint und klagt, allein würde

Wilhelm Lebrecht Götzinger

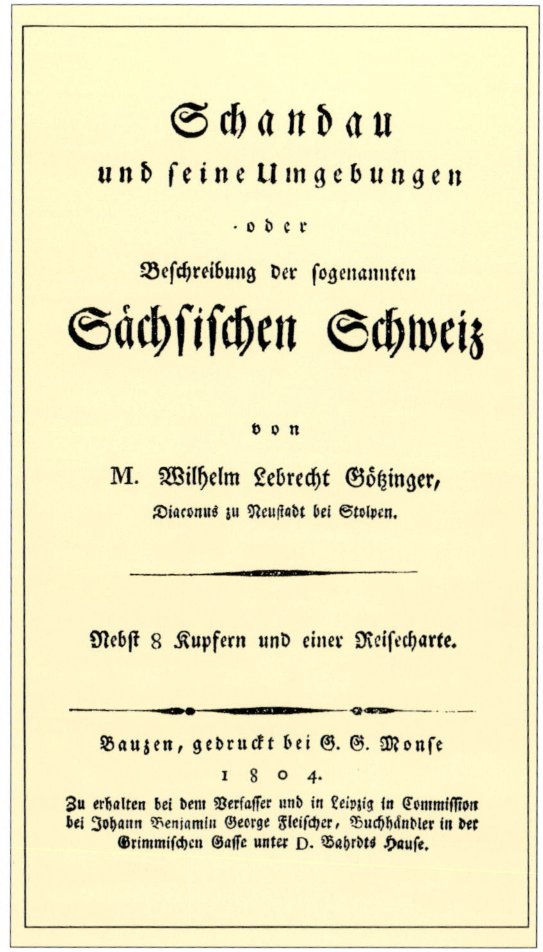

Schandau
und seine Umgebungen
oder
Beschreibung der sogenannten
Sächsischen Schweiz
von
M. Wilhelm Lebrecht Götzinger,
Diaconus zu Neustadt bei Stolpen.

Nebst 8 Kupfern und einer Reisecharte.

Bautzen, gedruckt bei G. G. Monse
1804.
Zu erhalten bei dem Verfasser und in Leipzig in Commission bei Johann Benjamin George Fleischer, Buchhändler in der Grimmischen Gasse unter D. Bahrdts Hause.

Götzingers Reiseführer

sie nicht mehr weiterkommen. Götzinger bewegt den Postmeister zu halten, doch im Wagen ist kein Platz mehr. Der Postmeister nimmt sie zu sich auf den Bock. Die Frau beginnt zu erklären, dass sie katholisch und die Frau eines Hofwachspoussiers aus Dresden sei. Sie habe gelobt, wegen ihrer Schwangerschaft zu Fuß in das böhmische Kloster Rumburg zu pilgern und dort zu beten, aber ihr Zustand lasse es jetzt nicht mehr zu.

Wie doch Aberglaube Leib und Seel.' plagen können, denkt der evangelische Theologe. Laut ruft er: »Wissen Sie was, Madam, Sie brauchen einen sicheren und bequemen Sitz. Das Wetter ist schön und ich sehe mich gern um. Setzen Sie sich auf meinen Platz, ich werde mich zum Schwager auf den Bock setzen.«

Glücklich kommt man in Dresden an. Glücklich bringt die Frau einige Stunden später ihr Kind zur Welt.

Anderntags kommt in Meißen wieder ein Passagier hinzu. Diesmal ordentlich. Es ist ein Mann von Dreißig, still und traurig. Götzinger meint, den neben ihm sitzenden Reisenden öfter seufzen zu hören. Götzinger sucht das Gespräch mit ihm. Immer vergeblich. Endlich sagt Götzinger:« Mein Herr, warum sind Sie so sehr traurig? Ich bemühe mich, Sie aufzuheitern, denn Sie haben meine Freundschaft seit den ersten Minuten unserer Bekanntschaft. Entdecken Sie sich mir. Sie finden an mir einen Menschen, der Geheimnisse bewahren kann. Vielleicht beruhigt Sie das, wenn Sie Ihr Herz ausschütten wollen«.

Der Mann sieht Götzinger lange an. Dann hat er eine Geschichte zu erzählen.

Ja, mein Herr, ich will mich Ihnen entdecken und vielleicht kann ich sie durch meine Erzählung vor solchen betrüblichen Umständen bewahren, wie die meinigen. Meinen Namen und den Ort, wo ich her bin, kann ich Ihnen nicht sagen, doch so viel, daß ich Geistlicher bin, was Sie mir wohl nicht ansehn. Meine Eltern sind arme Handwerker in einem kleinen Städtchen, die mich in Leipzig studieren ließen. Ich lernte dort eine Familie kennen, die vermögend war. Sie hatten eine einzige Tochter, mit der ich bald bekannt und vertraut war. Wir liebten uns, und ich glaube nicht, daß es eine stärkere Liebe geben kann, als unsere. Uns fehlte nichts mehr, als der Segen ihrer Eltern. Diesen erhielten wir bald. Ich verließ Leipzig und trat in den Dienst eines Barons. Ich und mein Jettchen, so hieß mein Mädchen, wechselten die zärtlichsten Briefe und unser beider Wunsch war nur meine baldige Versorgung. Der Baron hatte verschiedene Pfarren zu vergeben, ich hatte die Hoffnung, bald durch ihn versorgt zu werden. Die Teurung kam und meine armen schwachen Eltern waren nicht im Stande, sich zu ernähren. Ich hatte eine gute Kondition und ließ ihnen daher so viel zufließen, als ich nur entbehren konnte. Noch in der Teurung starb der Pfarrer in dem Dorf, wo wir wohnten. Einige Tage später ließ mich der Baron zu sich rufen.

Herr Magister, sagte er, wollen Sie die hiesige Pfarre haben?

Vor Verwunderung und Freude wagte ich nicht, zu antworten.

Halten Sie an, Sie sollen sie haben. Aber nur unter einer Bedingung. Werden Sie die erfüllen?

Wenn ich kann, warum nicht?

Sie können. Eine Frau brauchen Sie doch. Sie kennen unser Hannchen. Ich habe sie als Waise zu mir genommen und gleich vorgesorgt, sie gut zu versorgen. Sie ist gut erzogen, hat Lebensart, Belesenheit, ist schön und für eine gute Aussteuer will ich auch sorgen. Gehen Sie ein?

Stotternd antwortete ich, Gnädiger Herr, erlauben Sie mir nur etwas Bedenkzeit.

Was Bedenkzeit? Entweder Sie nehmen das Mädchen, oder Sie bekommen die Pfarre nicht und verlassen sofort meinen Dienst.

Ich stand furchtbare Leiden aus. Auf einer Seite mein Jettchen, mein Versprechen, ihr Versprechen und auf der anderen Seite meine armen Eltern, die verhungern mußten, wenn ich aus der Kondition gejagt wurde.

Götzingers Mitreisender fleht den Baron an, bekennt seine Liebe zu Jettchen, nichts hilft, schließlich unterwirft er sich seinem Dienstherren. Das war erst der Anfang meiner Leiden, sagt der Geplagte zu Götzinger in dem nach Wittenberg rumpelnden Postwagen.

Hohnstein

Meine Frau liebte mich sehr und ich sie nicht. Das verursachte ihr Gram und machte eine traurige Ehe. Wir hatten ein paar Kinder, die ich nie ohne Jammer ansehen konnte. Kurz, der Jammer und der Gram ward mir zu groß. Ich konnte es nicht mehr mit ansehen. Ich schrieb dem Baron, der gerade verreist war, empfahl ihm meiner Frau und Kinder Versorgung, denn er sei Schuld meines und ihres Elends und verließ die Pfarre. Und jetzt bin ich im Begriff, nach Amerika zu gehen. Nehmen Sie sich an meiner traurigen Geschichte ein Beispiel und lassen Sie sich auf Universitäten mit keinem Mädchen verbindlich ein. Sie können nicht wissen, in welche Umstände Sie kommen und die Folgen können höchst traurig ausschlagen. Haben Sie sich aber schon eingelassen, oder werden Sie es in Zukunft tun, o sein Sie dann ja treu. Denn der Lohn der Untreue ist äußerst bitter. Ich habe ihn geschmeckt und will jeden Menschen vor Untreue warnen.

O wohl mir! Ich habe nie Untreue begangen und darf also nicht befürchten, den herben Lohn derselben zu schmecken, belobt sich Götzinger. Denn die Folgen der Untreue sind immer fürchterlich. *Entweder bleibt kein Kind in der Ehe leben, die man mit einer anderen Person führt, oder es gibt Zank oder wohl gar Schläge, oder eine stete Krank-*

heit des unschuldigen Theils wirft unendliche Bitterkeit über die Ehe … Längst vor seinem poetischen Reiseführer durch die Sächsische Schweiz ist Götzinger schon Dichter. Das Publikum ist klein, aber äußerst wichtig. Es umfasst zwei Personen.

Götzinger hat ein Mädchen kennen gelernt, Charlotte Bielitz, gerade sechzehn, sein Lottchen, das hofft, dass ihr Wilhelm eine »Versorgung« bekommt und sie bald heiraten können. Das Mädchen wartet auf ihren Wilhelm in dem Dörfchen Langenwolmsdorf, der junge Mann auf die Charlotte Bielitz in dem Städtchen Hohnstein, wo er inzwischen als Hauslehrer für die Söhne von Amtsinspektor und Förster untergekommen ist. Manchmal muss der Hauslehrer den Hanswurst machen und zur Unterhaltung der Familie des Amtsinspektors Klavier spielen und singen. Götzinger und Charlotte wechseln bis zu einer Pastorenstelle viele Briefe, beteuern sich ihre Liebe und Götzinger erzählt ihr Geschichten. Damit die Zeit vergeht, Lottchen noch idealer wird, er sich aus den moralischen Bedrückungen der Hohnsteiner Verhältnisse herausschreiben kann, Lottchen ihren Wilhelm in seiner Unvollkommen- und seiner Vollkommenheit kennen lernt. Notat Götzingers im Februar 1785: *Wir schreiben uns oft und ich setze ihr meine Lebensgeschichte auf und schreibe sie ihr in jedem Brief stückweise. Ich thue das besonders deswegen, um ihr unvermerkt Regeln und Moral zu geben, die ich, ohne sie zu beleidigen, nicht geradezu geben will.*

Götzinger glaubt fest und rührend und komisch an die wahre Liebe. Vielleicht weil er ein Gottessohn ist, vielleicht weil in dem idealen Felsengebirge nicht nur ideale Menschen wohnen, vielleicht weil er Götzinger ist.

In Hohnstein, wo der Hauslehrer hinter die Kulissen blickt, wird gesoffen, gefressen, gelogen, betrogen, kreuz und quer geliebt, wie in allen Gegenden und zu allen Zeiten.

»Historie der Stadt und Bergfestung Stolpen im Marggraftume Meißen«, Dresden und Leipzig 1764.

Anno 1619, den 27 May ward allhier eine liederliche Vettel, Margaretha Vogtin, wegen getriebener Unzucht, auf 5 Jahre des Landes verwiesen.

A. 1734 , den 13. Juli ward zu Harthau eine Hure gerichtet, die ihr Kind umgebracht hatte.

A. 1749 den 19. Juli ward Eva Maria Schlegelin aus Altstadt mit dem Schwerdt vom Leben zum Tode gebracht. Sie hatte ihren Ehemann, Johann Ernst Schlegelin, mit Gift vergeben und weil gleich starke Vermutung solcher Verursachung, ließ man die gerichtliche Sektion des Körpers vornehmen und fand, daß ihm Gift beigebracht.

Götzinger im Tagebuch, den 26. November 1785:

Dieser Abend – unvergeßlich wird er mir sein – erfuhr ich Dinge, vor die mein Geist zittert und für die ich zurückschrecke. Der Amtsinspektor ist Mörder, Dieb, Ehebrecher, Blutschuldiger, Meineidiger, Ungerechter – o genug, genug. Herr S. erzählte mir Dinge, die entsetzlich sind. Er hat Kinder abgetrieben, eine Magd, die von ihm schwanger war, auf eine besondere Art ermordet, unzählig arme Bauernmädchen hat er um ihre Unschuld gebracht und andere die Früchte seines Leibes erziehen lassen.

Götzinger ist voll Sehnsucht, dem Guten zu begegnen. Die Reise nach Wittenberg, die in den Briefen steht, schmückt er mit einer erfundenen Geschichte. Von seinem Aufenthalt in der Stadt erzählt er Lottchen eine wahre, oder eine wenigstens halbwahre, auf jeden Fall eine Liebesgeschichte mit Moral.

In Wittenberg hat er einem Mädchen sein Wort gegeben und muss, wunderbarerweise, trotzdem nicht die Folgen der Untreue fürchten, denn *wohl mir, ich habe es nie gebrochen, sondern man hat mirs gebrochen. Und nun kann ich auch mit voller Beruhigung auf eine ruhige und zufriedene Ehe Rechnung machen …*

Götzinger ist einige Wochen wieder in Wittenberg, da lernt er den Stiefsohn des reichen Oberstadthauptmanns, Ratsherren und Kaufmanns Wurlitzer kennen. Wurlitzer hat eine hübsche Tochter und dann noch eine zweite anmutige Tochter, Wilhelmine, die den Studenten als das schönste Kind Wittenbergs gilt. Sie sind alle von ihr verzaubert. Auf und Ab promenieren sie vor dem Haus am Markt, um einen Blick der schönen Wilhelmine zu erhaschen und die Kühnsten suchen gar ihre Bekanntschaft über die Dienstboten oder den Stiefbruder. Alles vergeblich. Vater und Mutter wachen streng. Nur einer kommt ins Haus, der junge Götzinger. Der Stiefsohn lädt ihn zu einem Besuch bei sich ein.

Zur bestimmten Zeit ging ich zwar mit neugierigem Herzen hin, aber mit dem festen Vorsatz, wenn ich etwa dadurch in Bekanntschaft mit den Frauenzimmer geriet, mein Herz zu bewahren. Nie sah ich ein Frauenzimmer, außer das ich hinterm Küchenfenster, was in Haus ging, Einigemale etwas Weibliches bemerkte, das ich mir aber nicht weiter merken ließ.

Jetzt kehrte ich immer noch frei und unverwundet aus dem Hause zurück und es war mir immer noch leicht, meinem Vorsatz treu zu bleiben.

Doch dabei wird es nicht bleiben. Größere Prüfungen warten auf Götzinger. Nun ist Winter und auf den Elbwiesen Eis. Eines Sonntags lädt der Stiefsohn ein, ihn Mittags zum Schlittschuhlaufen abzuholen. Die Kommilitonen sind neugierig, was daraus werden wird. Kommt er wirklich ins Haus? Aber es wartet nicht nur der Stiefsohn an der Tür, oben am Fenster halten die Mutter und Wilhelmine nach Götzinger Ausschau, die er dann im Flur trifft. Götzinger stockt die Sprache. Endlich findet er Worte.

Verzeihen Sie, meine Frau Ratsverwandte, daß ich mich unterstehe, hierher zu kommen. Ich muß die Schuld auf Ihren Herrn Sohn schieben, der mich gegen meine Absicht zu Ihnen geführt hat.

Es ist nicht gegen meine Absicht geschehen. Mein Sohn hat mir viel Gutes über Sie gesagt und besonders Ihr Klavierspiel gerühmt, daß ich wünsche, Sie kennen zu lernen. Und meine Tochter, die das Klavier liebt, möchte Sie gern spielen hören.

Das Klavier ist schon aufgeklappt und Götzinger beginnt verwirrt zu spielen. Dass er bei Mutter und Tochter war, geht wie ein Lauffeuer durch die Studentenschaft und es kommt, wie es kommen muss. Götzinger verliebt sich in die schöne Wilhelmine. Ein Freund warnt ihn, es könne nicht anders, – der Vater! – als schlimm ausgehen und *Du würdest in eine Schwärmerei und Schwermut verfallen, die Dein Leben nach und nach abnagte und Dich zu früh ins Grab brächte.* Doch, o Unglück, auch Wilhelmine liebt Wilhelm Lebrecht, und wenn er auch manchmal noch dem Gedanken nachhängt, sich vor ihr zu retten, er kann es nicht, der junge Mann von zwanzig Jahren, *wenn ich bei ihr war, sie mir mit der zärtlichsten Miene mit mir zu sterben versprach und mir dann die Hand drückte, und mein Gesicht dann auf ihren Busen sank, wenn ich dachte: diesen Engel sollst Du vergessen.* Götzinger versucht es trotzdem. Wilhelmine schickt die Köchin nach ihm. Götzinger weigert sich, mitzukommen. Die treue Seele:

No, Herr Götzinger, ich krieg gewiß und wahrhaftig gescholten, wenn ich Sie nicht mitbringe. Und die Mamsell wird gar nicht wissen, wie es kommt, daß Sie auf einmal nicht kommen wollen. Kommen Sie immer.

Ich bin aber schon ausgezogen.

I, der Mamsell zu Gefallen können Sie sich immer wieder anziehn. Ich geh nicht eher fort, bis sie mitkommen.

Nun, Scheer sie sich fort, ich will kommen.

Ne, das tu ich nicht. Ich warte, bis Sie mit mich gehn. Sie könnten wohl doch nicht mitkommen, könnten Sie.

Götzinger wirft sich in seine Sachen und folgt der Köchin mit dem festen Vorsatz, »kalt« zu sein.

Also, ist er doch noch gekommen, der Geliebte. Also ist er doch wieder hingegangen zur Geliebten.

Ach, die Glücklichen. Sie wissen nicht, dass das Gegenteil vom Gegenteil allein das einzig Verlässliche der Liebe ist.

Joh. Gottfried Jentzsch: Die Elbe bei Wehlen

Ach, die unglücklichen Liebenden, die Zeit lässt ihnen keine Zeit zu zögern. Andauernd ängstigt ihr Entweder-Oder in Herzensdingen Wilhelm und Wilhelmine.

Wir begegneten einander schüchtern und blöde und wenn wir allein waren, pochte mir das Herz, es folgte eine lange Pause, denn keins wußte, was es reden sollte, jedes fürchtete sich ein nur entfernt zärtliches Wort zu sagen, sie aus Ungewißheit und Furcht, was meine Gesinnungen sein möchten und ich aus Unentschlossenheit und Schüchternheit.

Die Geschichte muss zu Ende gehen. Das Paar hat alle seine Missverständnisse probiert und fällt, lässt sich ein Zipfelchen nur sehen, gleich in das ganze gesammelte Missvergnügen. In der Stadt zerreißt man sich das Maul über den Fall. Vor allem aber, Götzinger hat die Sache seinem Lottchen nun über viele Briefe dargestellt, sich die größte Mühe gegeben, schuldlos dazustehen, Lottchen über Wilhelmine zu stellen, doch wie lange kann selbst der größte Erzähler seiner Geliebten eine lange Geschichte seiner Liebschaften zumuten? Es ist Zeit, dass die Geschichte bei Lottchen ankommt.

Götzingers Schicksal erfährt eine Wendung in literarischem Stil. Schiller nennt so etwas »Kabale und Liebe«. Von den Kommilitonen ausgestreute Gerüchte, mit Götzingers Moral sei es so weit nicht her, machen in Wittenberg die Runde. Neid auf den glücklichen Götzinger treibt sie. Missgünstige, eifersüchtige Frauenzimmer tragen ihr Scherflein zum Klatsch bei. Der Oberstadthauptmann redet mit seiner Tochter ein Wörtlein.

Höre, Minchen, Herr Götzinger kömmt alle Abend zu Dir. Ich habe nichts gegen den Menschen einzuwenden, ich habe mich genau nach ihm erkundigt und lauter Gutes von ihm gehört. Ich habe daher nichts dagegen einzuwenden, daß er zu Dir kömmt. Aber gestern habe ich erfahren, daß sich die Studenten sehr darüber aufhalten. Ich will's ihm zwar nicht verwehren, daß er noch kömmt, aber nicht alle Tage, sondern nur dann und wann.

Natürlich lassen sich die Liebenden so nicht auseinander bringen, aber nach einiger Zeit werden sie bemerken, dass sie auseinander sind.

Erst plagt sie grundlose Eifersucht, dann begründete. Wilhelmine bekommt Briefe von einem Mann in guter Stellung, der sich scheiden lassen will und dazu noch Briefe von einem unverheirateten junge Mann, der Hofmeister bei einem Edelmann ist. Sie versichert Wilhelm Treue, aber nun, 1780, enden Götzingers Studien in Wittenberg, er geht als Magister zurück nach Sebnitz, hört, sie *lebte freier und verdunkelte ihren guten Ruf. Indessen versuchte ich sie auf besseren Weg zu lenken. Ich schrieb es ihr nicht geradezu, sondern kleidete das Ding in einen sonderbaren Traum ein, warnte sie, bat sie, mir treu zu bleiben, sagte von der Zierde des guten Rufs eines Mädchens, den Folgen der Untreue usw.* Vergebens Götzingers Mühe. Sie heiratet den Amtmann Geyer aus Zörbig und die schrecklichen Folgen der Untreue lassen nicht auf sich warten. Der Mann ist böse, unverständig, prügelt sie, Minchen schreibt Götzinger einen Brief und bittet um Vergebung. Götzinger schlägt sie aus.

So, mein Lottchen, endigte diese Geschichte, die für mich von großer Belehrung gewesen ist. Man ist da noch nicht in den Jahren der reifen Überlegung und untrüglichen Scharfsinnigkeit. Welt- und Menschenkenntnis fehlt da ganz, wie ist also möglich, die schlauen

Mädchen, die wie ein Chamäleon die Farbe ändern, durchzusehen und zu erkennen. Nimms nicht übel, Lottchen, daß ich von Mädchen so schreibe. Ich mache Ausnahmen, und nehme Dich zuerst aus, da ich überzeugt bin, daß Du die Verstellungskunst am wenigsten anwendest … Es ist wahr, die Wilhelmine fand ich anfangs nicht von den besten Gesinnungen. Ich war aber so glücklich, sie zu bessern und ich Thor jubilierte schon über meinen Sieg und dachte nicht daran, daß der Fuchs, wenn man ihn auch zahm macht, dennoch das Mausen nicht läßt, sobald er wieder Freiheit hat.

Lottchen hat die Geschichte gut überstanden. Götzinger ist ein guter Schriftsteller. Und sicher auch ein liebenswerter Mann. Sie nimmt sich seinen kleinen Erbauungsroman zu Herzen wie seine vielen ungeschminkten Belehrungen über die rechte Ehe und eine rechte Ehefrau. Lottchen weiß nur zwei Eigenschaften, die ein Frauenzimmer mitbringen muss, *eine Wirtin sein und was haben*, Götzinger kennt zehn mit Kommentaren. *Religion, Einen gesunden nicht leeren Verstand, Daß sie mit mir ziemlich übereinstimmend denkt, Eine gute Erziehung und Lebensart, Einen gesunden Körper und dauerhaftes und aufgewecktes Temperament, Eine Wirtin, Äußerliche Vorzüge, nicht ganz arm, Sie muß musikalisch sein* und 10. *Wünsche ich noch etwas, aber freilich wird das mit den schon genannten Eigenschaften nicht allemal verbunden sein. Nämlich daß sie sich selbst etwas verdienen oder erübrigen kann. Ich meine, daß sie sich den Putz oder andre weibliche Sachen selbst machen oder durch sonst etwas sich erwerben kann. Dadurch kann nicht nur viel Ausgabe für Putz, Haubenstecken und drgl. erspart werden, sonder sie kann sich auch selbst eine Kasse machen. Und es ist immer besser, wenn die Frau Geld für sich in Händen hat.*

Götzinger hat die zehn Gebote einer guten Ehefrau nicht einfach über Lottchens Kopf hinweg geformt. Jedenfalls versichert er ihr, er habe sie nach ihrem Vorbilde entworfen, als er einmal für den Vater aufgeschrieben habe, wie er sich seine künftige Ehefrau vorstelle. Götzinger weiß, wie man es mit den Leuten anzustellen hat, und es wundert nicht, wenn sein Lottchen ihm dichtet:

Wie ein Lämgen sanft und stille,
Werd ich mich zu sein bestreben,
Wollen, was mein Männchen will,
Ganz ihm zu Gefallen leben,
Alle Fehler übersehn,
Alle Kränkungen verschmerzen
Und bei trüben Stunden herzen,
das die Grillen ihm vergehen.

Endlich 1787, nach drei Jahren Verlobungszeit, winkt eine Pastorenstelle, die »Versorgung«, in Neustadt. Am 16. September ist Probepredigt in der Gemeindekirche. Ein zweiter Kandidat noch tritt an. Nun muss Götzinger zeigen, dass er nicht nur Moral predigen kann. Hinter den Kulissen gibt es ziemlich unchristliche Rangeleien zwischen den Kirchenpatronen um die Besetzung des geistlichen Amtes. Das Gerücht wird verbreitet, Götzinger sei ein Säufer und Spieler und eine Braut habe er auch schon. Die Neustädter Kirche ist an diesem Sonntag bis auf den letzten Platz gefüllt. Wann schon gibt es solch ein Schauspiel? Die Neustädter sind gekommen, die Leute aus der Umgebung und viele Sebnitzer. Der Glöckner muss Götzinger den Weg zur Kanzel bahnen. Die Gemeinde singt das Lied »Sorge Du Vater, sorge Du«. Götzinger hält eine feurige Predigt. »Wie ein Superintendent«, loben die Leute. Sein Kontrahent hat gute Worte und eine schwache Stimme. Beide gehen danach anderthalb Stunden vor der Kirche Auf und Ab. Das Wahlgremium sucht seine Entscheidung. »Jetzt wird über unser Schicksal entschieden«, sagen die Kandidaten einander, »und beide haben wir es der Vorsehung überlassen und ihr Wille sei uns heilig.«

Die Neustädter Bürger wollen Götzinger und schicken immer wieder Leute in die Beratung. »Sie hätten auch eine Stimme und die gäben sie dem Magister Götzinger«. Die Dörfler lassen wissen, würde es der andere, kämen sie nicht mehr in die Kirche. Endlich raunt dem Kandidaten Götzinger der Famulus des Gremiums heimlich zu, er habe die Mehrzahl der Vota. Götzinger wird hereingerufen und der Superintendent gratuliert. Götzinger stammelt Dankesworte. Die Sebnitzer rufen »Vivat!« Sie besaufen sich vor Freude. Einer läuft sofort nach Sebnitz, um der erste zu sein, der die Nachricht bringt und ist 10 Minuten vor Götzingers eigenem Boten bei den Eltern. Nun kann geheiratet werden. Götzinger schreibt den 108. Brief.

Neustadt, den 21 Oct. 1787

Mein innig geliebtes Lottchen!
Dies wäre nun also der erste Brief, welchen ich aus Neustadt u. aus meinem Eigenthum an Dich schicke, daß nun bald auch Dein Eigenthum sei wird, und die Wohnung, wo wir das Glück der Liebe und einer frohen Ehe genießen werden. Denke also, welche Empfindungen bei mir vorgehen müssen, wenn ich das denke! Wärs möglich, sie zu schildern, so solltest Du sie lesen, aber wo ist die Feder, die das *ausdrücken kann. Wenn ich mir das alles überlege, was mir auf so wunderbaren Wegen geworden ist, dann ist mein Herz so voll Dank und Rührung gegen die Vorsehung, daß es überlaufen möchte ...*

Dittersbach, den 20. November 1787

Mein geliebter Wilhelm,
Gestern haben wir Deine Anordnungen wegen unserer wohllöblichen Hochzeit erhalten, und ich bin bereit Dir gleich in meinem und meines Mamachen Namen zu melden, daß Du alles nach unserem Wunsch angestellt hast. Ich mache einen tiefen Knicks, daß Du Deinem Lottchen so zu Gefallen lebst ...

Zur Hochzeit im Januar des nächsten Jahres in Langenwolmsdorf gibt es lauter Mandeltorten, das haben die Brautleute verabredet. Es ist ein fröhliches Fest mit vielen Gästen. Götzinger hat sich Gedanken gemacht, wer von den Freunden und Bekannten am ge-

Das Kanapee unter der Bastei

schicktesten ist, den Braten zu tranchieren, damit sich die Gäste nicht die Gewänder verderben. Wilhelm Lebrecht ist ein junger Mann von neunundzwanzig, Lottchen ein Mädchen von zwanzig. Sie bekommt in schneller Folge sieben Kinder. Vier Knaben und drei Mädchen. Zwei der Mädchen werden nur ein paar Tage alt. Götzinger hält Predigten und bereitet sie zum Druck vor. Arbeitet sein Buch von der sächsischen Schweiz um. Legt eine berühmte Mineraliensammlung an, deretwegen der junge Theodor Körner im Juli 1809 nach Neustadt kommt. Doch bei Götzinger ist an dem Tage gerade Synode. Und auch noch Kirmes im Städtchen. Ein Fahrender verspricht Körner für sechs Pfennig auf ewig allen Zahnschmerz wegzusprechen. Körner gibt drei und bittet sich die halbe Ewigkeit aus. Vier Jahre Leben wird der junge Mann noch haben. So ist die Zeit. So vergeht die Zeit. Die Tage, die Jahre. Ein Leben. Charlotte, das Lottchen, Götzingers Liebe, stirbt im Mai 1811. Da ist sie dreiundvierzig. Pastor Götzinger heiratet die Pastorenwitwe Caroline Bratz. Der Mensch will versorgt sein. Der Witwer und die Witwe sind versorgt. Aber nicht glücklich. Götzingers einzige Tochter Charlotte Wilhelmine hat mit ihrer Heirat als Vierzigjährige auch einen Mann versorgt und der Mann sie. Sie ist mit dem alten Freund ihres Vaters und dem Schwager ihrer Mutter, dem Pfarrer Essen aus Langenwolmsdorf, die Ehe eingegangen.

Die Neustädter haben dreißig Jahre lang ihren Götzinger. Er stirbt am 23. April 1818 im Pfarrhaus. Über die Liebe hat der Autor Götzinger in den einhundertdreißig Briefen geschrieben, die zwischen Charlotte Bielitz und ihm hin- und hergingen. Am Ende des Briefwechsels steht ein Gedicht des Mädchens.

An meinen Geliebten Götzinger

Ein jedes Wort muß Zeuge sein,
Das wir uns selbst die Freuden geben,
Die alle Stunden sich verneun,
Das uns vergebens Sorgen dreun,
Das wir vor keinem Unfall beben.

Und daß solange wir nur leben
Uns alle Tage ein Fest der Liebe prophezein.
Ein jeder Kuß muß Zeuge sein,
Daß wir kein größer Glücke wissen,
Als uns zeitlebens zu genießen,
Als uns zu sehn, zu sprechen und zu küssen.

In der Liebe zählt nur die Liebe.

Sesselträger, Fußführer, Saumtierverleiher

Landgerichtsrat Immermann aus Düsseldorf bereist die Sächsische Schweiz im Oktober 1831. Er ist Mitte dreißig. Also durchaus von guter Körperkraft. Man kennt ihn auch als Literaten. Er macht die übliche Tour durchs Gebirge auf dem Fremdenweg, gerade war er auf der Bastei. Für die weitere Reise hat er einen unerschütterlichen Vorsatz: *Der ist ein Tor, welcher Berge mit seinen Füßen erklimmt, wenn er einen Träger haben kann. Ich hatte als geschworener Feind des Kletterns und des Keuchens, welches man Naturgenuss zu nennen übereingekommen ist, bei dem Ausrücken das stille Gelübde getan, jedes Transportmittel zu benutzen, und wäre es auch nur ein Esel. Ich nahm mir also zwei Träger durch den Amselgrund nach Rathewalde.*

Ein reines Vergnügen ist der »Tragsessel« nicht. Ständig ist er in wippender Bewegung, und es droht das einmalige Erlebnis, im Gebirge seekrank zu werden. Ehrlicherweise nennt sich das Gerät nicht »Sänfte«. Aber, lieber schlecht getragen als gut gelaufen. Noch dauert ja die Zeit, wo die Begegnung mit der Natur die Seele stärken soll. Höchst ausgefallen der Gedanke, die Natur sei etwas, die Muskeln zu kräftigen. Muskeln kommen einfach vor, in der Medizin und bei den Bedauernswerten, die für ihren Lebensunterhalt auf die rohe Körperkraft angewiesen sind. Arme Leute. Und die Träger sehen es nicht anders als die Getragenen. Die Fremden haben eine verrückte Idee, die Geld bringt. Sonst ist ihnen die Sache egal, ob sie nun Grafen, Baronessen, Superintendenten, Appellationsräte oder einen Landgerichtsrat aus Düsseldorf zu tragen haben. Ihr Verhältnis zu der Sache ist praktisch. Immermanns Träger quälen sich den steilen Weg zum Kleinen Winterberg hinauf.

Ich plauderte mit ihnen von den Leuten, die sie getragen, und erfuhr bei dieser Gelegenheit wieder, wie sich die Ansicht von der Menschenwelt in einem jeden nach seiner Beschäftigung verschieden ausgeprägt. Der Dichter spricht von poetischen und prosaischen Naturen, der Soldat von feigen und tapferen, der Philosoph von Denkern und Handwerksköpfen, die Dame von interessanten und uninteressanten, und diese sächsischen Träger kannten nur schwere und leichte »Perschonen«.

Das Romantische überlassen die Führer den Noblen, mit denen sie anfangs so gut wie immer zu tun haben. Als einfache Leute aus den Dörfern und von den Mühlen sehen sie, wo sie bleiben. Im »Dresdner Anzeiger« sagt im Mai 1808 ein Reisender den Fremdenführern nach, dass sie die Börse der von ihnen Geführten ebenso wenig wie deren Lunge und Vergnügen berücksichtigten. Dass da »Fremde« kommen, die ihre Gegend sehen wollen, bringt unverhofft ein wenig Geld. Ein organisiertes Gewerbe wird erst später daraus und das neue Wort »Fremdenführer« braucht Zeit, sich zu etablieren. Lange bleibt der alte Name »Bote« für einen Ortskundigen im Schwange.

Karl Leberecht Immermann

Die frühen Reisenden sagen untereinander weiter, wem man sich bei den Touren anvertrauen kann. Für Rathen wird 1807 der Schullehrer empfohlen. Ein paar junge Dresdner, die im gleichen Jahr als »Schweizerreisende« unterwegs sind, wünschen sich in der Haidemühle im Kirnitzschtal angesichts der reizenden Müllerstöchter: »Wenn wir nur eine von den Mädchen zur Führerin erhielten«. Die Mädchen sind nicht schüchtern. Der Wunsch wird erfüllt. Nicht selten führen Mädchen aus den vielen Mühlen. Einer der jungen Männer kommt sogar zu einem kleinen Liebesabenteuer.

Mir war es des Besonderen wegen, einmal ein ländliches, unschuldiges Schweizermädchen zu haben, ihr schien es im Gegenteil mit mir ebenso zu sein. Sie küssen und sie herzen sich, aber da sind die anderen. *Ich drückte sie daher noch einmal in den Arm, küßte sie und entfernte mich schnell. Doch ihr schien dies Abbrechen sehr ungelegen, sie blieb betroffen stehen, sah mir – ganz wie eine schmachtende Dresdnerin – verlangend nach und rief, als ich schon ein Stück weg war, mir hinterher »Besuchen sie uns bald wieder«.*

Karl August Böttiger bringt 1817 von seinem Kuhstallbesuch für die Dresdner »Abend Zeitung« Seriöseres mit: *Man versäume beim Herumklettern nicht, sich von dem wackeren Schandauer Führer (Sturm heißt sein Name) in die am Rande eines Abgrundes sich perspektivisch öffnende Felsenbank bringen zu lassen.*

Reisende und Führer sprachen eine sehr verschiedene Sprache und nicht nur hier in der Sächsischen Schweiz. »Fremde« sind die Reisenden auch sozial. Als der Dichter Ludwig Tieck im Sommer 1793 durch das Fichtelgebirge reist, steckt er einmal samt Pferd im Sumpf fest und wundert sich, mit welcher *philosophischen Kälte* der *Bote* darauf reagiert.

Lieber Freund, weist er allen Leuten so den Weg?
O ne!
In dem verfluchten Wege muss man ja den Hals brechen.
Ja freilich.
Was werden wir denn nun anfangen?
Das weiß Gott.
Wir müssen wieder zurück!
Jawohl.

Auch Pastor Götzinger hat die Führer abhold der Naturromantik erlebt und gibt prosaische Ratschläge. Besonders den Besuchern *der wilderen Teile der sächsischen Schweiz* rät er, zu fragen, ob der Führer auch alle die von ihm dort empfohlenen Partien und die Wege genau kenne. Einige wüssten sie wohl, aber nicht alle. Götzinger kennt auch die kleinen Schliche, mit denen sich die Führer das Leben leichter machen und die Fremden von den besonders anstrengenden Wegen abhalten wollen. Sie würden sagen, eine gelobte Partie sei so sehenswert nicht oder der Weg viel weiter, als von Götzinger angegeben. Der Kenner wappnet die Reisenden: ist man auf dem Roßsteig beim Zeughaus unterwegs nach Herrnskretschen und will *nicht den Weg durch die Felsen nehmen, so kann der Führer einen nahe dabei sich schlingenden bequemeren wählen.* Kommt man den Kleinen Zschand hinauf, ist der *Raubstein,* der alte Name *Winterstein* ist seit dreihundert Jahrn vergessen*, nun das nächste, wohin der Führer zu bringen hat.* Doch Götzinger kennt auch Gründe, die Fremden Mores zu lehren.

Man bezahle die Boten nun nicht eben übertrieben, aber doch so, daß sie zufrieden sein können, und ihre Dienstfertigkeit zum Tragen der Überröcke u. s. w. gern anbieten. Wenn einige und 30 Personen dem Boten für fast einen halben Tag einen Zwanzigkreuzer geben wollen, was wirklich geschehen ist, so – kann ich nichts weiter hinzusetzen.

Ein Zwanzigkreuzer war das Drittel eines österreichischen Guldens, eine an der sächsisch-böhmischen Grenze gangbare Münze im Wert von 67 Pfennigen.

Langsam wandelt sich, was die Reisenden von den Einheimischen erwarten. Die meisten machen die Tour Bastei–Kuhstall–Großer Winterberg–Prebischtor und unter den Füßen der Pilgerschar wird daraus der »Fremdenweg«, der in den 1830er Jahren seinen Ritterschlag durch Steinsäulen als Wegweiser bekommt. Noch heute stehen einige im Winterberggebiet. Die Fremdenführer sehen die steinerne Konkurrenz nicht gern. Immer wieder werden Wegsäulen umgeworfen oder verschwinden im Wald. Die Lichtenhainer gehören zu den Ersten, die die Zeichen der Zeit verstehen. Bequemlichkeit ist gefragt. Leichteres Reisen. Schwerbepackte Provianttaschen mussten mitgeschleppt werden. Manchmal gleich für mehrere Reisetage. Flaschen mit Wein, Bier, Milch sind dabei. In den frühen Reisezeiten ist unterwegs wenig oder gar nichts an Essen und Trinken zu bekommen. Die Lichtenhainer richten unten im Kirnitzschtal bei der Haidemühle eine »Sesselträgerstation« ein. Und damit sie von ihrer neuen Idee möglichst ungestörten Gewinn haben, wenden sie sich in diesem Jahr 1827 an das Amt Hohnstein mit dem *Ansuchen*, ihrem Vorhaben obrigkeitlichen Schutz im Rahmen

Sesselträger in der Sächsischen Schweiz

einer amtlichen Taxordnung zu verleihen. Sie stoßen das Tor zum organisierten Gewerbe auf.

Das Amt zögerte nicht, der Einladung zu amtlichem Handeln zu folgen. Es entwarf ein Regulativ, legte es zur Billigung bei der Landesregierung vor und verpflichtete die zehn Einwohner von Lichtenhain und Ottendorf, die fünf Tragesessel anboten, am 20. September 1827 auf das behördliche Papier. Auf Führer und Träger kam ein Katolog von Regeln zu. Er bestimmte auch die Trägerlöhne.

Von der 200 Meter unterhalb des Lichtenhainer Wasserfalls gelegenen Haidemühle, einem zu Anfang des 19. Jahrhunderts bedeutenden Gasthaus und der letzten Raststätte vor dem Weg zum Kuhstall und Winterberg, kostete das Tragen zum Kuhstall 10 bis 12 alte Groschen, vom Kuhstall auf den Kleinen Winterberg 20 Groschen bis 1 Taler, dann weiter auf den Großen Winterberg noch einmal 16 bis 20 Groschen und dann immer so weiter über das Prebischtor bis hinunter nach Herrnskretschen, so dass für die gesamte Strecke 3 bis 4 Taler zu bezahlen waren. Nach dem Regulativ vom 1. Mai 1883 betrugen die Sesselträgerlöhne hoch zum Kuhstall 3 Mark, weiter zum Kleinen Winterberg 4 Mark, zum Großen Winterberg 3 Mark, alle Teilstrecken zusammen über das Prebischtor nach Herrnskretschen 19 Mark. Meinholds »Touristenführer für die Sächsische Schweiz« von 1908 informiert über stabile Preise und stabilen Hang zur Bequemlichkeit. Aus den »Saumtieren«, die bald nach den »Sesselträgern« in Mode gekommen waren, sind jetzt »Reitpferde« geworden und die kosten 1908 nach dem Kuhstall 2 Mark, nach dem Kleinen Winterberg 4 Mark 50 Pfennig, nach dem Großen 6,50, nach Hinterhermsdorf 4, nach dem Zeughaus 3 Mark 50 Pfennige.

Bereits die frühen Regulative zeigten eine reiche Regulierungsfantasie. Doch die Kreativität der Ämter ermattete nicht, solange es Führer und Träger gab. Die Bürokratie bemächtigte sich immer neuer Details. Erst mit dem Verschwinden des Standes schwand die Regulierungswut. Und lebte auf anderen Feldern auf.

Trägern und Führern war verboten, sich den Reisenden aufzudrängen, sie hatten ihnen aber entschieden dienstbar zu sein. Ihre Wagen durften nur mit Erlaubnis bestiegen werden. Gefahrvolle Wege waren zu meiden, für die anvertrauten Effekten hafteten sie. Und dann die große Erfindung: ein am Arme zu tragendes Führerabzeichen aus Blech mit Nummer, das in der *Funktion* zu tragen war. Unverpflichteten Führern war die fernere Ausübung ihres Berufes nicht verboten. Doch die örtlichen Aufsichten wussten sich gegenüber den Freelancern zu helfen. Im März 1830 klagten sie die Unverpflichteten bei der Landesregierung wegen der Belästigung von Reisenden an. Die Landesregierung in Dresden reagierte am 6. Mai mit einem einzigen Satz:

Wir tragen nun zwar Bedenken, das Führen der Reisenden durch die sächsische Schweiz bloß auf die verpflichteten Führer zu beschränken, begehren jedoch, ihr wollt die Gastwirte in den Stationsorten der Führer dahin, daß sie, wenn verpflichtete Führer gegenwärtig und zum Dienste der Fremden disponibel seien, diesen keine unverpflichteten Führer zuweisen sollen, bedeuten, hiernächst eine nochmalige behufige Aufforderung an das reisende Publicum, sich bei Wanderungen durch die sächsische Schweiz der verpflichteten zuverlässigen Führer zu bedienen, durch den Dresdner Anzeiger, ingleichen durch Anschläge, welche sowohl in den Hotels und Gasthöfen, weshalb ihr euch mit dem hiesigen Stadtpolizei-Collegio zu vernehmen habt, als auch in den Pillnitzer Gasthäusern, zu affigieren sind, erlassen, auch diese Aufforderung alljährlich zur Frühjahrszeit, solange solches nötig erscheint, wiederholen, übrigens eine Revision der damaligen verpflichteten Führer nach ihrer Qualification und ihren sonstigen persönlichen Eigenschaften veranstalten, gegen deren Beibehaltung erhebliche Bedenken sich erheben, von der Führer Function, verfahren.

Der Kuhstall

Im Dresdner Anzeiger und in den Gasthöfen wurde mitgeteilt: *Auf Anordnung Er. Königl. Sächs. Landes-Regierung machen wir das die sächsische Schweiz besuchende Publicum hierdurch nochmals auf die zu dessen Bequemlichkeit und Sicherheit seit einigen Jahren bestehende Einrichtung, daß zur Führung der fremden Reisenden in mehreren Stationsorten einige zuverlässige und mit den Denkwürdigkeiten der sächsischen Schweiz vertraute Personen angestellt und dazu besonders in Pflicht genommen sind, aufmerksam, und fordern dasselbe daher auf, sich dieser verpflichteten Führer vorzugsweise zu bedienen. Die Stationsorte derselben sind Pillnitz, Lohmen, Wehlstädtchen, Hohnstein und Schandau.*
Dresden und Amt Hohnstein den 1 Juni 1830
von Houwald, Amtshauptmann. Faclides, Amtmann.

Mit dem Jahr 1830 machen es sich die Lichtenhainer selber bequemer. Einer nach dem anderen wartet jetzt mit Saumtieren auf die Fremden. Zuerst schafft sich Christian Gottlieb Peschke zwei Pferde an, 1837 folgt ihm der Führer Richter. Die Bürokratie versucht, mit der Entwicklung Schritt zu halten. 1840 verlautet die Amtshauptmannschaft, dass auch das Halten und Anbieten von Saumtieren einer Konzession bedarf und erlässt im Juli ein »Regulativ für die Schweizführer am so genannten Wasserfall mit der

Nebenstation Lichtenhain und Kuhstall«. Umständlich wird beinahe jeder Fall in eine Bestimmung gebracht. Zehn Führer werden für den Wasserfall festgestellt. Die Lichtenhainer unter ihnen haben das alleinige Recht, von Lichtenhain aus zu führen, vom Wasserfall aber nur, wenn es da an Führern mangelt. Die mittlerweile sechs Saumtiere gehen zur Hälfte auf gemeinschaftliche Kasse, zur Hälfte an den Eigentümer. Die Witwe des Saumtierpioniers Richter darf das überlebende Pferd solange vermieten, wie es diensttüchtig ist, auch Wegbereiter Peschke darf seine Pferde so lange laufen lassen, wie sie können. Kuhstallwirt Wenzel wird in seinen Rechten ebenfalls bestätigt. Die vier Saumtiere, die er hat, dürfen bleiben, müssen aber durch *qualifizierte Subjekte* mit Nummer und Schild geleitet werden. Sonst müssen sich die Männer aller anderen Führertätigkeit, auch des Sesseltragens, enthalten. Alle sind verpflichtet, den Weisungen des Forstmeister und der Revierförster Folge zu leisten, die Reisenden von Beschädigungen der Bäume und unerlaubtem Schießen – die Echos! – abzuhalten und zur Instandhaltung der benutzten Wege angemessene Beiträge zu leisten. Natürlich ging die Sache so nicht auf.

Um die Verteilung der Gemeinschaftskasse wurde heftig gestritten. Die Schandauer Wirte ließen ihre Tiere über die gestattete Grenze am Wasserfall hinaus traben und tragen. Kuhstallwirt Frenzel schob das Fremdenführen seinen unverpflichteten böhmischen Musikanten zu. Wirt Büttner vom Großen Winterberg hielt ordnungswidrig Tragsessel und beschäftigte ebenso wie Frenzel unerlaubt billige Böhmen als Führer.

Im März 1843 gossen die unteren Behörden die jahrelangen Streitereien in eine neue Verordnung, die überwiegend die alte war und sich in salomonischem Ausgleich versuchte. Der Winterbergwirt möge bis auf weiteres Sessel zur Verfügung stellen, aber die allgemeine Führerinstruktion anerkennen. Wenn die Schandauer mit ihren Tieren ihre Region verließen, müssten sie durch Bestellzettel oder auf sonst geeignete Weise nachweisen, dass es auf Wunsch der Gäste geschähe.

Der übergeordneten Königlichen Kreisdirektion war das zu wenig. Sie setzte auf mehr Paragrafen noch. Am 20. April 1843 erließ sie eine neue Verordnung in zehn Punkten.

1. Es sind gewisse, öffentlich bekannt zu machende Stationspunkte für Saumtiere, Rosse, Sessel und Fußführer zu bestimmen, z. B. Schandau, Wasserfall, Lichtenhain, Kuhstall und Winterberg.

2. Jeder, welcher dazu befähigt ist und resp. die Mittel hat, kann beim Amte Hohnstein um Konzession als Saumtierverleiher, Sesselträger, Fußführer ansuchen, hat aber dabei den von ihm einzuhaltenden Stationsort anzugeben, wo er sich resp. sein Tier oder Sessel aufstellen und halten will. Ein späterer Wechsel des Standortes kann nur nach vorgängiger Anzeige und Genehmigung des Justizamtes Hohnstein erfolgen.

…

5. Unter den einzelnen Führern jeder Gattung an einem Stationsorte findet eine bestimmte, durch Übereinkunft oder das Los zu bestimmende Reihenfolge statt, welche genau einzuhalten ist.

6. Die Saumtierführer, Sesselträger und Fußführer können von ihrem Stationspunkte

Die Kleine Gans

aus Reisende auch über andere Stationspunkte hinausbringen und führen, soweit sie wollen, dürfen aber weder

a) außerhalb des ihnen angewiesenen Stationspunktes sich aufstellen, noch

b) ihre Pferde, etc. Sessel vorausschicken, noch auch

c) von einem anderen Standpunkte aus, wenn sie daselbst die Reisenden abgesetzt, andere Personen zum Weitertransport oder rückwärts übernehmen, solange noch auf dem Stationspunkte, wo sie angekommen sind, Pferde, Sesselführer etc. in Bereitschaft stehen.

7. Kontraventionen gegen diese Ordnung werden mit Geld und im Wiederholungsfalle mit Verlust der Konzession bestraft.

Wer die Sächsische Schweiz besuchte, fand die Verfügung in den Gasthöfen ausgehängt. Waren die Führer ein loses Völkchen, das gebändigt werden musste? Der gesetzestreue Reisende wurde amtlich beruhigt, die Ordnung diene lediglich seiner Sicherheit und Bequemlichkeit, wenn, *wenn*, er sich nicht anderer als der durch Schild bezeichneten Führer und Träger aus den Stationsorten bediene. Widrigenfalls aber habe der Reisende jede der daraus entstehenden Gefahren und Nachteile sich selbst zuzuschreiben. War man bei den sächsisch-schweizerischen Führern in guten Händen?

1843 war bei Friedrich Frommann in Jena ein »Taschenbuch für angehende Fußreisende. Eine der deutschen Jugend gewidmete Frühlingsgabe« erschienen. Frommann galt als renommierter Verlag. Goethe hatte hier drucken lassen und das »Große griechische Wörterbuch« seines Adlatus Riemer war in Jena erschienen. Der Verfasser des Taschenbuchs nannte seinen Namen nicht. Vielleicht war ihm das Schriftchen zu unbedeutend neben seiner sonstigen Tätigkeit, vielleicht hatte er andere Gründe. Er bekannte, einmal zur *damaligen Turner- und Burschenschaftsjugend* gehört zu haben, und die *damalige* Burschenschaftsjugend stand im bösen Ruf der *Demokratie*. Es war ein umfangreiches Schriftchen in XI Kapiteln. Überwiegend allgemein gehalten. Nur im XI. Kapitel, *Führer*, machte es eine überregionale Ausnahme. Führer lehnte der Autor so gut wie generell ab. *Im offenen Lande oder auf niedrigeren Gebürgszügen nehme man ohne Noth ja keine Führer an. Wo die Wege nicht allzuschwer zu finden, gibt es keine Führer von Profession; was sich also darbietet, sind meist unnütze Kerle, die den Verdienst mitnehmen wollen, ohne die Eigenschaften eines guten Führer zu besitzen. Man kommt da oft an schlechte Fußgänger, faule Träger und namentlich solche, die den Weg, den sie führen sollen, selbst nicht ein mal recht kennen, oder geflissentliche beschwerliche, aber lohnende Parthiien vermeiden; ungerechnet, daß sie in der Regel die Entfernungen weiter angeben, als wie wirklich sind, um einen höheren Botenlohn herauszuschlagen.* Mit Namen und dringend aber warnte der anonyme Autor das deutsche Publikum vor den sächsisch-schweizerischen Führern: *So ist es z. B. ein ganz unnützer, ja schädlicher Luxus, sich in der mit großem Unrecht so genannten sächsischen Schweiz, wo alle Wege geebnet und gewiesen, vergeländert und mit Kneipen bespickt sind, noch mit einem Führer zu schleppen, zumal man für diese Gegend Charten genug hat, auf denen jeder Weg und Steg angegeben ist.*

Im Sommer 1887 drang ein Fall als ungewöhnlich in die Öffentlichkeit, der heute zum gewöhnlichen Alltag jedes Touristen gehört, der einen Ausflug gebucht hat und dem sein Cicerone unterwegs oder am Ziel ein besonders gutes Restaurant empfiehlt: das Arrangement zwischen Wirt und Führer. Gewisse sächsisch-schweizerische Wirte und gewisse Führer hatten im Sommer 1887 die Abrede getroffen, dass der Sherpa *außer der Beköstigung* für jeden Wagen, den er dem Wirt zuführe, 3 Mark und für jede insitzende Person 50 bis 77 Pfennig extra erhalte.

Die Behörden betrieben die amtliche Führung der Führer als Jahrhundertaufgabe. Regulative lösten Regulative ab. Das Regulativ vom 1. Mai 1883 verlangte bürgerliche Unbescholtenheit, Nüchternheit, Verlässlichkeit und körperliche Tüchtigkeit. Darüber hatten die Gemeindebehörden sich zu vergewissern. Dann eine Prüfung am Stationsort des Bewerbers vor einer Kommission, dabei der Bürgermeister oder sein Stellvertreter, mit Nachweis der Kenntnis der Wege, Aussichtspunkte, der naturwissenschaftlichen und historischen Verhältnisse des Gebietes. Schließlich eine Probeführung nach einem von der Kommission unter Zustimmung der Stationsbehörde zu bestimmenden Punkte. Regelmäßige *Musterungen* der Führer vor der Reisesaison sorgten für die aktuelle Kontrolle.

Die für das Jahr 1892 und die Stationen Wehlen, Pötzscha, Uttewalde und Lohmen war für die Zeit vom 12. bis 14. Mai in Wehlen vor dem Gasthaus »Zur Sächsischen

Schweiz« angesetzt, für die Stationen Lichtenhain, Kuhstall, Großer Winterberg, Schmilka, Schandau, Sebnitz, Hinterhermsdorf am »Großen Wasserfall« im Kirnitzschtal. Die Führer hatten sich zu diesem Termin mit ihren Führerbüchern und den Dienstabzeichen, die jetzt farbige Mützen mit Nummern waren, einzufinden. Alle Pferde, die als Saumtiere Verwendung finden sollten, mussten gesattelt und gezäumt zur tierärztlichen Untersuchung vorgeführt werden. Die Tragsessel waren ebenfalls mitzubringen. Wer als Führer neu eintreten wollte – vorausgesetzt, ein Platz war durch das Ausscheiden eines anderen Führers frei geworden *und soweit ein Bedürfnis hierzu vorhanden* -, konnte bei Vorlage der entsprechenden Unterlagen *verpflichtet* werden.

Es wird nicht nur amtlich zugegangen sein. Das Bild der Führer, Tiere, Tragesessel war bunt. Vielleicht war es ein richtig schöner Mai. Die Zeit des Geldverdienens kehrte zurück. Viele der Schlepper sahen sich nach dem Winter zum ersten Mal wieder. Nüchternheit sicher jetzt nicht Trumpf. Vielleicht waren es kleine Volksfeste. Nachher in den Bergen wartete auf Sesselträger, Fußführer und Saumtierbesitzer das richtige Touristen- und Führerleben. *Es läßt sich ja leider nicht verschweigen, daß viele unserer jetzigen Führer eigentlich nur als Gepäckträger auf den Fremdenwegen benutzt werden können. Sie gehen Jahr aus Jahr ein denselben Weg, erzählen an einzelnen Punkten dieselben Geschichten,* hatte im Organ des Gebirgsvereins für die Sächsische Schweiz »Über Berg und Tal« gestanden.

Am 27. November 1891 war ein Urgestein der Schweizführer, der Führer Rußig, in Rathewalde im Alter von fast 73 Jahren gestorben. Rußig hatte 48 Jahre als Führer gewirkt. Nach der Herkunft war er ein Schneidergeselle aus Lohmen. Am Morgen war Rußig völlig erschöpft und stammelnd in sein Haus getaumelt. Nicht, was man denkt. Viel schlimmer. Der Fremdenführer Rußig hatte sich zwischen Rathen und Rathewalde verirrt und die Nacht im Walde zugebracht.

Das Ende der Zunft brachte die Zeit. Brachten Landkarten, Wegschilder, Wanderbücher, Markierungen, Orientierungstafeln. Hundert Jahre nach dem ersten Regulativ von 1827 war das Führerwesen zu einem Stück Geschichte der Sächsischen Schweiz geworden.

Fremdenweg

Poesie und Prosa am Kuhstall

Das Wunder überwältigt jeden, der hierher kommt. Der aus dem Kirnitzschtal ständig steigende Weg führt nach einer guten halben Stunde ohne große Sensationen auf ein von Bäumen umsäumtes Plateau. Aber dann und wenige Schritte: durch die Öffnung eines mächtigen Felsentors blickt Reisende in eine grüne, von dunklen Felsreihen gegrenzte Weite. Wie von einem Balkon schaut er auf die Abenteuer der hinteren Sächsischen Schweiz. In der Höhlung des Tors hängen die Massen der Decke wie Wolken herab. Eine Ahnung von Geschichte liegt in der Luft. Oben auf dem Gipfel finden sich die Reste einer Burg. Die Berken von Duba, ein böhmisches Geschlecht, hatten hier einen Sitz. Ein reiches Geschlecht im 15. Jahrhundert. Die Städte Sebnitz und Neustadt und 18 Dörfer gehörten ihm. Sie beraubten ihre Bauern durch Zins und die durchziehenden Handelsleute durch Wegelagerei. Auf dem Felsen die Spuren von Verliesen und Folterkammern. In den Klüften und Spalten Zeichen von Krieg und Not. Im Dreißigjährigen Krieg suchten hier die Lichtenhainer Bauern mit Hab und Gut und Vieh Zuflucht. Namen erinnern: Wochenbett, Kanzelstein, Schneiderloch. Kuhstall.

Groß war meine Erwartung von diesem Wunderwerke der Natur gewesen, weit größer aber noch mein Erstaunen und Entzücken, als ich dieses längst Erwünschte sah und betrat«, sagt ein junger Mann aus Dresden, der im Mai 1807 die Sächsische Schweiz bereist. *O, es regt sich ein so geheimes, entzückendes, unnennbares Gefühl in mir (gewiß das reinste von Allen)! Er schien mir und alles um ihn heilig, gleichsam als ein von der Gottheit selbst geheiligter und geweihter Tempel (doch nur dem wahren Verehrer der Natur denn außer diesen werden andere schwerlich das hier empfinden), wo der Gefühlvolle sie am reinsten und wahrsten erkennen und verehren kann und wird.*

Inmitten der großen Inszenierung aber ein Rüpelspiel. Der Tempel trägt den leidvoll vulgären Namen »Kuhstall«. Es ist ein Wechselspiel wie im »Stammbuch« des Naturwunders. Einer hat geschrieben:

Es ist geschehen, es ist geschehen,
Ich habe den göttlichen Kuhstall gesehen.

Ein anderer darunter gesetzt:

Ich habs gelesen, ich habs gelesen,
Es ist ein Ochs in dem Kuhstall gewesen.

Pastor Götzinger findet den Namen ebenso unschicklich wie unedel. Er denkt an eine Bezeichnung für den Felsen, der *dem edlen erhabenen Style angemessen ist, in welchem die Natur ihn gebaut und ausgezeichnet hat. Kuhstallhöhle bessert nichts; es bleibt die Idee*

Adrian Zingg: Der Kuhstall

eines niedrigen, schmutzigen, finstern Kuhstalls dabei. Götzinger schlägt vor, den Ort »Wildensteiner Felsenhalle« zu nennen.

Der Oberaufseher der Dresdner Antikensammlung, Karl August Böttiger, weiß nach seinem Besuch des Wunders nicht so recht, was er mit seinem Missfallen an dem banalen Namen anfangen soll. *Alles was über die Benennung Kuhstall aus den Schreckensscenen des 30-jährigen Kriegs hier erzählt wird, beruht auf unsicheren Sagen. Doch ist auch die vornehmere Benennung der Wildenhainer Hallen historisch nicht zu beweisen.* Böttiger schreibt eine gebildete Versöhnungsode.

In der Grotte, welche der Kuhstall genannt wird den 19. Juni 1817

Ärgre Dich nicht, mein Freund, ob des Kuhstalls niedere Benennung!
Such' in der Schale den Kern! such' in dem Worte den Sinn.
Wenn, zwei Hörner am Haupt, Dir Luna winket, so weidet
Zwischen Gestirnen die Kuh; ist nicht der Himmel ihr Stall?
Wo am gepriesenen Ganges der Menschheit Wiege sich schaukelt,
Ehret der Hindu die Kuh, ist in Pagoden ihr Stall.
Also öffnet der Kuhstall sich hier an der zackigen Felswand

Eingangshalle zu Dir, heilige, hohe Natur!
Fragt, Ungläubige, nicht, wo hier einst stallte die Milchkuh!
Schwatzt nicht vom schwedischen Krieg! geistiger nehmet den Sinn.
Schauet das Sinnbild der Kuh am allgebärenden Nilstrom;
Wenn die Natur sich verjüngt, tränkt dort den Horus die Kuh.
Zwischen vermorschtem Gestein sproßt hier alljährig der Frühling.
Boten des Kuhstalls, ihr weht kühlend im Kuhstall mich an!

»Moritzstein« den Felsen zur Erinnerung an den sächsischen Kurfürsten Moritz zu nennen, schlägt ein monarchisch gesinnter Reiseführerverfasser 1852 vor. Der Kurfürst Moritz habe hier oft von der Jagd auszuruhen gepflegt. Doch dann besinnt er sich. *Allein wer vermag etwas gegen den Gebrauch?*

Der »Kuhstall« liegt in einer wilden Gegend. Von hier geht es hinein in die bizarren Felswände von Bloßstock, Speichenhörnern, Affensteinen und hinauf auf die Winterberge. Der wundersame Ort selbst ist nicht besonders strapaziös zu erreichen. Er war es auch damals nicht. Die wirklichen Mühen des Fremdenwegs erwarten den Reisenden erst noch beim Aufstieg auf den Kleinen Winterberg.

Von Schandau aus kann der Fremde mit dem Stellenwagen bis zu den Mühlen im Kirnitzschtal fahren. Für viele ein romantischer Ausflug, denn Schandau hat Badegäste, seit der Kaufmann Hering die Quelle, die man schon lange kennt und die nach Schwefel riecht und nach Eisen schmeckt, 1799 hat fassen lassen. 1803 hat der berühmte Chemieprofessor Lampadius von der Freiberger Bergkademie noch ein Übriges getan und in den »Freiberger gemeinnützigen Nachrichten« die Quelle hoch gelobt. Wer sich erlauben kann, ins Bad zu gehen, bereist nun auch das »Schandauer Gesundheitsbad«. Es ist überdies eine schöne Zwischenstation, wenn man gerade aus den berühmteren böhmischen Bädern Carlsbad, Marienbad, Teplitz, kommt oder dort hin will. Oberappellationsrat Körner aus Dresden ist mit der Familie im Juni 1806 im Gesundheitsbad. Sohn Theodor war gerade krank und soll sich erholen. Theodor nennt später als Dichter Schandau einen *Kraft- und Prachtplatz der Natur.* Jetzt schreibt der Fünfzehnjährige erst einmal ein Tagebuch seiner Ausflüge. Nachmittags am 4. Juni 1806 durchwandert er das Kirnitzschtal bis zur Haidemühle. Vormittags ist der rüstige Knabe schon einmal bis zur Mittelndorfer Mühle gewesen. An der Haidemühle nimmt Theodor sich nachmittags einen Führer zum Kuhstall. Tagebuch:

Große Höhle. Wochenbett. Schöne Aussicht nach Böhmen. Durch die Schlucht hinauf. Zisterne. Durch die andere Schlucht herunter ins Pfaffenloch. Affenstein. Schwedenloch. Räuberloch. Durch das Nadelloch herunter. In Habichts Grund. Schöner Anblick des Kuhstalls. Nach der Heidemühle, durch den Kirnitzschgrund zurück. 5 Stunden.

Der Kuhstall ist Naturschauspiel und menschliche Bühne. Jäh hebt sich beim Passieren der Höhle der Vorhang vor einer fantastischen Szenerie. Auf der Bastei braucht der Maler Carus für die Überraschung einen Kunstgriff. *Meine Mutter, die noch nie Ähnliches sah, führte ich, ihr die Augen zuhaltend, bis auf den höchsten Punkt.* Hier bedarf es nur der richtigen Schritte aus dem die Sensation nicht verratenden Wald. Der Holzfäl-

Bernardo Bellotto, gen. Canaletto, Festung Königstein mit dem Lilienstein

Caspar David Friedrich, Morgennebel im Gebirge

◁ *A. Graff, Selbstbildnis*

Die erste sächsische Eisenbahn, 1837

ler, der die Reisegesellschaft des *Marschkommissarius* Basalt in »Ysop Lafleurs sämtlichen Werken oder meiner Herrschaft und meiner Wenigkeit romantische Reise in das sächsische Sandsteingebirge an der Elbe«, führt, hat für solche Raffinesse überhaupt keinen Sinn. Autor Christian Eberhard lässt ihn, 1798, unbeeindruckt antworten, er habe ohne solche Wünsche auf dem Kuhstall schon Holländer, Engländer, Kurländer und *Ausländer* geführt. *Ausländer* sind im Deutschland der vielen Staaten alle Deutschen in den anderen vielen Staaten. Auch Pastor Götzinger ist auf dem Kuhstall als Regisseur zu treffen.

Götzinger feiert am 22. Juli 1802 mit mehr als 30 Personen ein Fest zum Preis des göttlichen Schöpfers des Ortes. Er komponiert einen vielstrophigen Rundgesang, der unter *Trompeten-und Paukenschall* in der Kuhstallhöhle abgesungen wird: *Flohn aus Waffenungewittern/Einst Verjagte her zu dir,/Seufzten sie mit bangem Zittern/Nach der Friedenspalme hier;/O so geben Deine Hallen/Nun nach steiler Reise Ruh,/Rufen friedlich uns hier Allen: »Freuet euch des Lebens« zu!*

Jungschriftsteller Theodor Körner jagt 1810 in einer Erzählung leidenschaftlich Liebenden auf dem Kuhstall sehnsüchtige Schauer über den Rücken.

Gewöhnlich herrscht die Prosa auf dem Kuhstall. Sehen und dabei gesehen werden, heißt das Prinzip vieler Besucher. Die jungen Fußwanderer aus Dresden, die mit der schönen Müllerstochter als Führerin gekommen sind, stoßen gleich mit solchen Reisenden zusammen. *Nicht lange, so kamen einige Familien »von«, welches sie auch durch ihr Betragen so recht zu zeigen suchten. Sie waren ziemlich eingebildet, ein junges Herrchen wollte sich sogar in eine Tafel schreiben, welche sich ein anderer hatte einhauen lassen und welche noch neu und leer war. Großmächtig schrieben sie dann ihrem Charakter gemäß an, die Familien von Bodenhausen, von Berlepsch und von Carlowitz. Sie schienen überhaupt selbst nicht recht zu wissen, weswegen sie hier waren und betrugen sich fast lächerlich.*

Platz an den Wänden der Kuhstallhöhle, sich zu verewigen, ist kaum noch. Namen werden über Namen geschrieben. Götzinger fühlt sich in der Rolle des Zauberlehrlings. Hatte er einstmals, 1804, geraten: *Man versehe sich ... mit Pinsel und trockner Farbe, um seinen Namen anzuzeichnen,* stiftet er 1807 dem Kuhstall ein »Stammbuch« und bittet die Reisenden, dem Mann, der es auf dem Kuhstall in Obhut genommen hat und sich dort ein paar Pfennige zu verdienen sucht, ein Trinkgeld zu geben, denn er verwahre auch Feder und Tinte zum Einschreiben. 1812 fühlt Götzinger sich wohler. *Wie angenehm ist es, hier in diesem Buche die Namen von Menschen aus allen Ständen und aus allen Ländern, selbst den entferntesten, zu finden und auf so manchen beigeschriebenen Gedanken in Versen und Prosa zu stoßen.*

Kuhstall und Stammbuch fordern beinahe jeden, der hierherkommt, zu Dichtung in höchsten Tönen heraus. Vergessene Namen und bekannt gebliebene mischen sich. Eintragung um Eintragung scheint es Ortspflicht, das Ewige zu spüren. Ein Herr Voigt aus Tharandt 1808:

Was Menschenkunst erzeuget,
Wie klein erscheint es hier;
Der Stolz des Mächt'gen beuget
Sich ehrfurchtsvoll vor dir.
Hoch schwinget hier über Welt und Zeit
Der Geist sich zur Unendlichkeit.

Ein Doktor von Liederskorn im September 1829:

Herzlich grüß' ich jede gute Seele,
Die nach mir an diese schöne Stelle,
Die nach mir auf diese Höhen steigt;
Wünsch' ihr freundlich, daß der süße Frieden,
Der in dieser Stunde mir beschieden,
Über sie den sanften Fittig neigt.
Wenn mein irdisch Wesen lange modert,
Lange schon mich Gott zu sich gefordert;
Werden diese Zeilen hier noch steh'n,
Zur Erinn'rung, daß ich hier gewesen,
Um im Buche der Natur zu lesen,
Und die Wunder Gottes anzusehen.
Möge dann der Zufall freundlich fügen,
Daß auf diesen hingeworfnen Zügen
Eines guten Menschen Auge weilt;
Welcher ahnet, was ich hier empfunden,
Der sie kennt, die Weihe dieser Stunden.
Der nicht kalt und fremd vorübereilt.

Doch es gibt auch Kritiker. Ein Elsässer hält überhaupt nichts von der weihvollen Überhebung des Felsens. Und er kann den tugendhaften Sachsen auch nicht vergessen, dass sie eben noch Verbündete seines Kaisers Napoleon waren und von ihm abfielen. D. L. Rosenstiel 1817:

Große Herren, schöne Damen
Kleine Herren, große Namen,
Alle fremd und unbekannt;
Denn des Franzmanns warmen Blicken
Spendet ihr jetzt stolz den Rücken,
Steht ihm feindlich abgewandt.
Drum nach Haus, zu euch ihr Auen,
Dort am Rheine, wo die blauen
Lüfte durch die Berge schauen,

Wo die Berge und die Reben,
Wein und Freud' dem Menschen geben,
Alles schöner doch beleben.
Gern laß ich euch eure Klippen,
Große Felsen, nackte Rippen,
Fort, nur fort und weit hinaus
Fröhlich in den heimischen Klaus.

Und dann ist 1832 ein unbekannter junger Mann, ganze 25 Jahre alt, auf dem Kuhstall, dessen standrechtliche Erschießung ein gutes Dutzend Jahre später die zivilisierte Welt erregen wird. Theatersekretär und Kassierer Blum ist aus Leipzig herübergekommen. Er schreibt selber. Im März 1848 wird er einer der Köpfe der Leipziger Demokraten sein und im Frankfurter Parlament sitzen. Als er im Oktober mit einer Adresse der Frankfurter in das aufständische Wien geschickt wird, schaut er nicht weg, wird da trotz seines Abgeordnetenstatus verhaftet und den 9. November morgens 7 Uhr füsiliert. Robert Blum schreibt zwischen fünf und sechs an seine Frau den Abschiedsbrief und auch über das *Ewige.*

Mein teures gutes liebes Weib, lebe wohl! Wohl für die Zeit, die man ewig nennt, die es aber nicht sein wird … Alles was ich empfinde, rinnt in Tränen dahin … Betrachte unser Kind als teures Vermächtnis, mit dem Du wuchern mußt …

1832 ist er nur ein Reisender mit verletzlichem Sinn für die Natur und die Kunst. Der junge Wanderer aus Leipzig schreibt in das Stammbuch auf dem Kuhstall:

Warum erinnert uns hier, wo die Seele bewundernd dahinschmilzt,
In der unendlichen Pracht dieser erhab'nen Natur
Tölpisches Narrengeschmier an das elende Treiben der Erde?
Huld'gend mit läppischem Witz seinem erbärmlichen Ich.
Diese entheiligten Blätter bestät'gen von neuem die Wahrheit:
Da wo der Haufe erscheint, wirft er das Schöne mit Kot!

Götzingers Stammbuch kommt abhanden, doch einige von denen, die danach angeschafft werden, bleiben erhalten.

Die frühen Schweizerreisenden hatten bessere Aussichten, sich auf dem Kuhstall zu verewigen, als die Befriedung ihrer zeitlichen Bedürfnisse erwarten zu können. Speis und Trank waren dort oben rar. Die Gastronomie begann, wie an den anderen Hauptpunkten des Fremdenweges: Leute aus den nahen Dörfern boten etwas an. Hier war es ein Lichtenhainer, der kalte Speisen und Getränke feilbot. Das war wenig. Dem kulinarischen Fortschritt auf dem Kuhstall brach ein umtriebiger Schwabe die Bresche.

Franz Josef Rall war l811 zum Pächter des »Schandauer Bades« geworden und ließ im September die Behörden wissen, er höre von den Besuchern laute Klagen, dass sie zur Kuhstallhöhle Getränke und Nahrung mitnehmen müssten. Er bitte um die Erlaub-

Hohnstein

nis, tagsüber auf dem Kuhstall die Reisenden mit Speisen und Getränken versorgen zu dürfen. Auch wolle er die dorthin führenden Wege in Ordnung halten und besser machen. Die Oberforstmeisterei und das Amt Hohnstein lehnten Ralls gastronomisches Ansinnen gutachterlich ab: Der Kuhstall liege mitten im Wald. Ralls Aufenthalt daselbst sei ohne polizeiliche Aufsicht bedenklich. Schließlich könnten die Reisenden sich aus Schandau und von den Mühlen wie bisher mit Proviant versorgen. Schandaus Rat wusste auch von Klagen. Mehrere Badegäste hätten laute Klage über Ralls nicht wohlfeile Bewirtung geführt. Rall wartete das Verfahren nicht ab. Er ging nach Dresden und pachtete anderthalb Meilen vor der Stadt im Dörfchen Sorbitz die Schenke. Erst zum 1. April 1815 wurde regelmäßige Bewirtung auf dem Kuhstall statthaft. Die Erlaubnis ging an einen Lichtenhainer. Sie wurde als Zugabe für außergastronomische Verdienste verliehen.

Der »Gartennahrungsbesitzer« Gottlieb Traugott Peschke hatte sich am Kuhstall bei der Unterdrückung von Waldbränden hervorgetan. Nicht zufällig. Peschke war als einer der Samariter der fliegenden Versorgung der Schweizreisenden am Kuhstall zu treffen. Der Wald gehörte zu seinem Tagwerk. Im April 1815 zogen die Behörden die forstliche Konsequenz und bestellten Peschke amtlich zum Feuerwächter auf dem

Kuhstall. Ein Einkommen war damit nicht verbunden. Doch die »Entschädigung«, Reisende bewirten zu dürfen. Keineswegs sei damit allerdings die Erlaubnis zur Anlegung einer Schenkstätte erteilt. Auch habe Peschke das einstmals von Pastor Götzinger angeschaffte Stammbuch sorgfältig zu bewahren. Die gastronomische Konsequenz des Fremdenverkehrs ließ auf sich warten. Aber Peschke war hartnäckig.

Peschke drängte auf weitere Legalisierung, eine Pacht. Seine Mühsal war nicht geringer als die der Reisenden. Jeden Morgen schleppte Peschke in einigen Körben aus Lichtenhain so viel Nahrung und Getränk heran, wie er meinte, dass sie tagsüber gebraucht würden. Das übrig gebliebene brachte er am Abend wieder zurück nach Lichtenhain. 1818 war er einen Schritt weiter. Gegen 4 Taler jährlich wurde ihm die Bewirtschaftung des Kuhstalls verpachtet und als Zeichen seiner Pächterwürde ihm die von der Forstkasse angeschafften Tische und Bänke übergeben. 1821 stand ein weiterer Fortschritt auf der Tagesordnung. Peschke bat um die Erlaubnis, neben dem in Schandau und Sebnitz gebrauten braunen Stadtbier auch das an anderen Orten gebraute leichtere Weiß- und Doppelbier ausschenken zu dürfen. Peschkes Gesuch wurde den brauberechtigten Bürgerschaften von Schandau und Sebnitz vorgelegt und dort natürlich abgelehnt. Die oberen Behörden gingen mit Peschke. Nun durfte er von 1. April bis Ende Oktober auch Doppel und Weißbier auf dem Kuhstall schenken. Die »Schweizerreisenden« rückten peu a peu zum Gegenstand von Begehrlichkeiten auf. Peschke, Gottlieb Traugott, der Kuhstallwirt, sah sich 1823 durch Peschke, Ephraim, den Winterbergwirt abgelöst. Der ehemalige Kuhstallwirt wurde auf seine dringende Bitte Winterbergwirt. Peschke, Ephraim, der Neue, durfte auf dem Kuhstall auf eigene Kosten ein Häuschen errichten *mit Riegelholz abgebunden, mit Lehm und Stockholz gewellert, mit Brettern gespindet und mit Brettern und Schwarten abgedeckt.* Der nächste Bewerber um die Wirtschaft ließ nicht auf sich warten.

1825 ersuchte Erblehnrichter Johann Gottlob Wenzel aus Lichtenhain, ihm die Bewirtschaftung zu überlassen. Er bot einen Taler mehr Pacht. Wenzel wurde abgelehnt. Er meldete sich 1826 wieder. Nun bot er vier Taler und Ausgleich aller Wildschäden, die für 1826 auf 45 Taler 21 Groschen geschätzt waren. Auch Peschke, Gottlieb Traugott, der Ehemalige, trat wieder auf, bat aber vorsichtigerweise bei abfälligem Bescheid um Belassung als Winterbergwirt. Das Rennen machte Johann Gottlob Wenzel. Im Februar 1827 wurde ihm die Bewirtschaftung übertragen. Wenzel führte gleich eine Neuerung ein. Musik auch auf dem Kuhstall. Musik galt als touristisches non plus ultra. Auf der prominenten Bastei gab es Blasmusik, sonst waren Dorfmusikanten, Drehorgelspieler und, als ein Stück Schweizer Inventar, die unverzichtbaren böhmischen Harfenistinnen zu treffen. In der alten Sächsischen Schweiz ging es nicht gerade leise zu. Ein mit dem Fortschritt gehender Wirt strebte nach Musik. Wenzel bot Dorfmusikanten und böhmische Harfenistinnen. Offensichtlich waren ihre Gaben bescheiden. Wenzels Gäste fühlten sich durch die Musik belästigt und Wenzel musste den Behörden im nächsten Jahr verbindlich zusichern, stets für gute Musik zu sorgen und für das anständige Betragen der Musikanten einzustehen. Beide Peschkes suchten anfangs Wenzel noch einmal die Pacht abzujagen, aber Wenzel blieb Kuhstallwirt auch über die

Jahre nach 1848 hinaus, als die Pacht öffentlich ausgeschrieben wurde. Wenzel starb hochbetagt im Mai 1866 in Lichtenhain.

Der feinsinnige Oberaufseher der Dresdner Antikensammlung, Karl August Böttiger, entfloh im Sommer 1817 der damaligen kulinarischen Misere auf dem Kuhstall wie der anstrengenden weiteren Bereisung des Fremdenweges. *Glücklich diejenigen, welche bei bequemlicher Muße von hier aus nicht noch an demselben Tage auch die Winterberge und das Prebischtor beschauen wollen. Dies steinerne Gastmahl fordert eherne Füße und – einen Straußenmagen zur Verdauung. Die Felsenwände und übereinander geschichteten Sandsteinlager wiederholen sich in ermüdender Einförmigkeit …*

Böttiger nahm sich unten im Kirnitzschtal einen Wagen und fuhr bequem nach Schandau zurück, um sich im Bade zu *restaurieren.* In Schandau war für den nächsten Tag eine *Gondel* bestellt, um nach Schmilka zu kommen und vom Elbdörfchen aus den Großen Winterberg zu besteigen. Dort wird er wieder zu treffen sein. Und auch die gastronomische Notversorgung der Reisenden.

Malerpfade – Dichterwege

Was galt den Künstlern die Felsenlandschaft? Wenigstens die Dichter, die damals als Dichter galten, handelten wie der vom jungen Theodor Körner 1810 erfundene Vater, der die Idee hat, seinem Sohn die *Braut erst in Schandau, in dieser schönen, kräftigen Natur vorzustellen, um der Sache etwas erhöhtes Interesse zu geben.*

Theodor Körner, Karl August Böttiger, August von Trommlitz, Karl Leberecht Immermann, sie alle borgten sich die Sächsische Schweiz in Erwartung dichterischer Kräftigung als Kulisse aus und der Dresdner Friedrich Kind, der Weber das Libretto zum »Freischütz« lieferte, verspottete schon 1816 mit seiner Erzählung »Dallners Reise nach Teplitz« die Manier, durch die Felsenlandschaft das eigne Schreiben aufzumöbeln. Körner hatte »Die Reise nach Schandau« geschrieben.

Körner glaubte herausgefunden zu haben, was der bloßen Beschreibung der sächsisch-schweizerischen Sehenswürdigkeiten überlegen sei. *Solche Malereien erfreuen vielleicht manchen, wenn er selbst da war ... aber jedem anderen muss das Bild bedeutungslos erscheinen. Ich halt' es für das Vernünftigste, wenn man an solchen Kraft- und Prachtplätzen der Natur nur seine Empfindung so individuell wie möglich ausspricht. Ich kann mir viel leichter aus der Stimmung, in die ein Mensch beim Anblick einer Naturschönheit versetzt wird, den Charakter derselben versinnlichen ...*

Ein Maler, der 1798 nach Dresden gekommen war, hielt es ähnlich. Caspar David Friedrich. Er malte nicht einfach Natur ab. Er arrangierte Landschaften des Empfindens. Er nahm das Bekannte, das zu sehen war, und fügte es zu einem unbekannten Neuen. Die Sächsische Schweiz war dafür eine seiner Landschaften. *Künstler und Kunstkenner sahen in Friedrich nur eine Art Mystiker, weil sie selber nur das Mystische suchten ... sie sahen nicht Friedrichs treues und gewissenhaftes Naturstudium in Allem, was er darstellte; denn Friedrich wußte und fühlte recht wohl, daß man nicht die Natur selber malt oder malen kann, sondern die eigenen Empfindungen ...,* sagte von ihm sein Freund, der norwegische Maler Johann Christian Clausen Dahl. Friedrich gelang, was den meisten Dichterkollegen misslang.

Immer wieder ging Friedrich in die pittoresken Berge und trug aus ihnen die Motive in die Dresdner Malstube, mit denen sich seine Bildmetaphern erzählen ließen. 1799 macht er seine erste Wanderung in das Felsengebirge. Im Juli, August, September 1800 ist er in Hohnstein, dem berühmten Uttewalder Grund, am Lilienstein, dann 1802 in Krippen vis à vis von Schandau und den Schrammsteinen. An Krippen entsinnt er sich auch, als die Franzosen 1813 in Dresden sind. Er mag sie nicht sehen. Er mag nicht mit ihnen umgehen. Er ist ein »Patriot« wie seine Freunde, Kleist, Adam Müller, Ernst Moritz Arndt. In metaphorischen Bildern zeigt er seine Denkweise. 1812 entsteht »Gabmale alter Helden«. Nichts weiter ist auf dem Bild zu sehen als ein Sarkophag in

C. D. Friedrich: Der Talwächter bei Rathen

einer Felsengrotte. Es ist stilles Manifest zur Besinnung auf die deutsche Geschichte. Die Szene gibt das Felsengebirge. So sehen die Felsengrotten in den Richterschlüchten oder hoch oben über dem Zschand aus.

Im Besatzungsjahr Dresdens, 1813, lebt Friedrich immer wieder wochenlang in Krippen, *einer sehr angenehmen Gegend,* wie er in Briefen schreibt. Das Quartier hat ihm ein Dresdner Freund, der Münzschreiber Friedrich Gotthelf Kummer besorgt. Kummer ist auch dabei, als Friedrich mit seiner Frau und dem Malerfreund Carus im Mai 1818 die Fünftagetour über den »Fremdenweg« macht. Friedrich ist frisch verheiratet. Im Januar hat er Christiane Caroline Bommer geheiratet, ein sanftes Mädchen, zwanzig Jahre jünger als er. Caroline und Carus sollen sehen, was er kennt. In diesem Jahr 1818 entsteht eines seiner größten Gemälde »Der Wanderer über dem Nebelmeer«. Der Mann steht auf einer Felsenklippe und blickt in eine vom Nebel verhüllte Felsenlandschaft. Es ist ein Jedermann, er kehrt dem Betrachter den Rücken zu.

Wohin geht das Leben? Zum Himmel hin ist Klarheit. In der nebligen Tiefe lässt sich

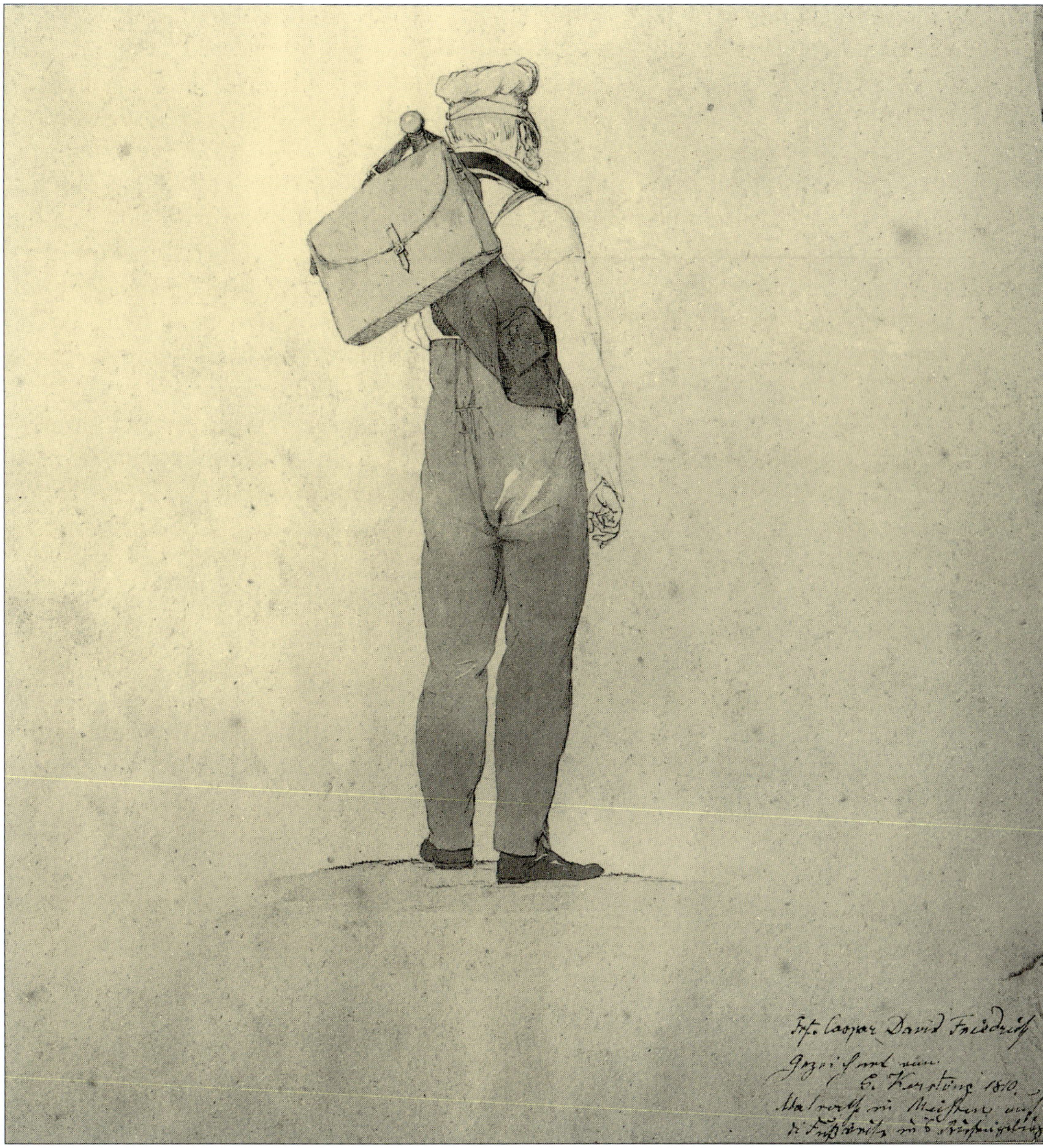

Georg Kersting: Caspar David Friedrich

kein Weg zu erkennen. Aber dort unten lebt der Mensch. Friedrich hat die Tragödie des Menschen in die Landschaft gemalt, die er im Mai mit seiner jungen Frau und den Freunden Kummer und Carus fünf Tage lang durchwandert hat. Die Schrammsteine, der Rosenberg, der Falkenstein sind zu erkennen. Sie sind zu sehen, wie sie nie jemand gesehen hat. Das Felsengebirge hat Friedrichs Horizont.

Carus ist die Landschaft nicht neu, durch die er mit Friedrich wandert. Gleich als er 1814 aus Leipzig nach Dresden als Arzt gekommen ist, hat er im nächsten Frühjahr den Weg eingeschlagen. Carus wird ihn immer wieder machen, als faszinierter Maler, als kundiger Wanderer. 1819 entsteht sein Gemälde »Die Schrammsteine im Meißner Land«. 1819 malt er die »Felsen in der Sächsischen Schweiz«. Am 23. November 1823 schickt er Goethe ein Bild »Erinnerung an die Eigenthümlichkeit des Sandsteingebirges oder der sog. Sächsischen Schweiz«. Seit 1818 wechselt der Naturwissenschaftler Carus mit dem Naturwissenschaftler Goethe Briefe. Im Juli 1821 hat er den Verehrten am 21. in Weimar besuchen können, Carus der Maler, der Arzt: *In gerader kräftiger Haltung schritt er auf mich zu und führte mich zum Sofa. Die zweiundsiebzig Jahre haben auf Goethe wenig Eindruck gemacht, der Arcus senilis in der Hornhaut beider Augen beginnt sich zwar zu bilden, aber ohne dem Feuer des Auges zu schaden.*

Carus kennt die Sächsische Schweiz aus allen Jahreszeiten. Der Herbst ist eine besonders schöne für Maler. Und Reisende. Schon 1822. Carus: *Es war der reinste Himmel und die wärmste sonnige Luft; noch waren die damals schönsten Punkte nicht immerfort von spekulierenden Wirten besetzt, in so später Zeit fand man alles still und einsam und man athmete so den Hauch der Gebirge ...*

Friedrich, in Dresden, der stille Maler, bringt die Sächsische Schweiz zwar nicht unter die Leute, aber unter die Maler.

Der Norweger Johann Christian Clausen Dahl kommt nach seinem Studium an der Kopenhagener Kunstakademie nach Dresden. Am 23. September 1818 trifft er in der Stadt ein und gleich zwei Tage später ist er bei Friedrich, der ihm hilft, ein Unterkommen zu finden. Friedrich selbst hat ebenfalls in Kopenhagen sich ausgebildet. Als der Winter vorbei und helles Malerlicht ist, geht auch der Norweger in die Sächsische Schweiz. 5 Tage ist er Anfang Mai, 1819, unterwegs, Lohmen, durch den Uttewalder Grund zur Bastei, die Winterberge, der Fremdenweg. Als Dahl nach den obligaten italienischen Jahren wieder in Dresden ist, zieht er gleich in das Haus, in dem Friedrich wohnt. Vom 2. April 1823 hat auch er die Adresse »An der Elbe 23« und wird immer wieder aufbrechen, in der Sächsischen Schweiz zu zeichnen.

Bis an die Tage der Friedrich, Carus, Dahl reicht das Wirken eines fleißigen alten Herren, der im Mai 1816 während der Ostermesse in Leipzig mitten in Geschäften 82-jährig stirbt. Adrian Ludwig Zingg verhandelt gerade mit einem Verleger über den Vertrieb seiner Kupferstiche. In Dresden liegt ein folgenreiches Neues Testament des Alten. Eine Legende ist tot. Zingg war einer der ersten, der Dresden zu einer Stadt der Maler machte und der erste Maler, der in das Felsengebirge ging.

Als Sachsen aus den Wirren des 7-jährigen Kriegs auftaucht, hat es wieder Zeit für Kunst. Legationsrat von Hagedorn bekommt den Auftrag, aus der Dresdner Zeichenschule eine richtige »Kunstakademie« zu machen. Es gibt da den Schweizer Zingg, der in Sachsen durch eine außerordentlich lobende Vorstellung seiner Stiche in der Leipziger »Bibliothek der schönen Künste« bekannt geworden ist. An diesen Mann wendet

Adrian Zingg: Blick auf den Lilienstein

sich Hagedorn. Der Schweizer Kupferstecher lebt und arbeitet in Paris, und es gefällt ihm in Paris. Zingg wechselt mit Hagedorn sachliche Briefe über den Standard von Dresden.

Paris, 15. Juni 1764

Wollten E. H. Edl. mir die Ehre erweisen und zu schreiben, so würde ich Ihnen sehr dankbar sein und in Ansehung deren 1000 kleine hiesige Taler, die ich für meine jährlich Besoldung verlanget, wenn es Ihnen allenfalls sollte zu viel vorkommen, so erlauben Sie mir, daß ich Ihnen meine Gedanken darüber sage. Bis dahin hatte ich mein eigenes Geld angewendet aus Liebe zur Kunst, und kann allerdings nicht glauben, daß ich in meinen besten Jahren sein werde, ob ich gleichwohl mehr Vergnügen empfinde, an die Kunst zu gedenken, als an den Verdienst. Dresden ist der einzige Ort in Deutschland, den ich liebte, allein dermalen kann er ohnmöglich so vorteilhaft sein als wie Paris, in dem der Handel hier gar stark gehet, und in Dresden würde man Geduld haben müssen, bis einige Kupferstecher und man verschiedene Platten hätte, um den Handel anzufangen und von seiner Arbeit die Vorteile zu genießen.

Wenn ein Künstler nicht an einem Ort ist, wie Paris und London, so muß er notwendig von großen Fürsten unterstützt sein, oder muß eigene Mittel besitzen, um richtig arbeiten zu können, wenn ein Künstler sich schmeichelte, es wollen zu erzwingen ohne die oben angemeldete Hilfe, so wird er irren und in seinem Alter wird er für seine Mühe haben und sehr zu bedauern sein …

Nach einiger Zeit ist man sich einig. Im Frühjahr 1766 trifft Zingg in Dresden ein. Und noch ein anderer Schweizer kommt, der Porträtmaler Anton Graff. Auch seine Berufung nach Dresden hat ihre Untiefen gehabt. Von Graff ist verlangt worden, ein Probebild zu malen. Graff hat Bedenken für seinen Ruf. Dann aber schickt er ein Selbstporträt, das Gefallen findet.

Im August 1766 sind die beiden Schweizer im Felsengebirge und wollen dort für ein paar Tage bleiben. Sie sind nach Königstein gereist und haben sich in der »Neuen Schenke« ein Zimmer genommen. Es ist ein Ort mit militärischen Sitten. Ohne Erlaubnis des Festungskommandanten dürfen keine Fremden beherbergt werden. Die hier haben auch noch Zeichenutensilien und Zeichnungen aus der Gegend dabei. Der Wirt meldet die Gäste pflichtschuldigst bei Unterkommandanten Obrist von der Pforte. Obrist Pforte hat die Namen schon irgendwie mal gehört, schlimmerweise haben die Herren aber keine Pässe dabei, ein Verweilen ist nicht statthaft und sie führen verdächtige Zeichnungen mit: Der Königstein von allen vier Seiten. Der Lilienstein. Graff hat genug, er geht nach Dresden zurück. Zingg ist hartnäckiger. Er wird nach Schandau geführt, nach Pirna expediert und bei den Behörden nach seinem Stand gefragt. Auch da hat man von ihm gehört und er antwortet: ja, es träfe zu, er sei am Hofe bekannt. Zingg wird freigelassen.

Zingg ist künftig vorsichtiger, was Abbildungen des Felsengebirges betrifft. Er fragt höheren Ortes nach und bekommt am 28. August 1768 den Bescheid: *Dem Kupferstecher Zingg bleibt zwar frei, die ihm gefälligen Gegenden in hiesigen Landen zu zeichnen und wird er auf sein Anmelden mit den hiezu extra erforderlichen Pässen versehen*, jedoch ist die Festung Königstein hiervon ausgenommen.

Was Zingg geschieht, ist ein Stück der zeitgenössischen Fremdheit mit der Natur. Die hohen Behörden zeigen eine ähnliche Denkart wie die niederen Leute. Zingg ist einer, der am Umschwung dieser Verhältnisse arbeitet. Natürlich mit seinen Ansichten des Felsengebirges, die demonstrieren, seht her, das ist ein Gegenstand von Interesse und Kunst. Doch auch, indem er die Administration herausfordert. Ich, der Kupferstecher Zingg, brauche, dass ihr eure Verordnungen, Paragrafen ändert, dort, die Landschaft, das ist mein Brot. Er arbeitet ja nicht nur in dem Felsengebirge. Zingg zeichnet im Erzgebirge, in der Meißner Gegend, in der Leipziger, in Böhmen, in Thüringen. 1791 sind die Behörden auf dem Stand, *ausdrücklich* anzubefehlen, *daß Niemand ohne ausdrückliche Erlaubnis eine Gegend aufnehmen dürfe, vielmehr sollen Diejenigen, welche über dergleichen Arbeiten betroffen würden und sich nicht legitimieren können, arretiert werden.*

Graff bleibt ein fleißiger Porträtmaler. Von seinem Eintreffen in Dresden, 1766, bis zu seinem Tode, 1813, malt er nach eigenen Angaben 943 Porträts. Zingg bleibt ein fleißiger Kupferstecher. Die Ausstellungen der Dresdner Kunstakademie beschicken die beiden Professoren regelmäßig. Die Kollegen liefern meist akademische Dutzendware. Graff sticht mit seinen Porträts hervor, Zingg mit seinen Naturansichten. Der Dresdner Berichterstatter des *Magazin der Sächsischen Geschichte* überliefert von der 1787er Ausstellung: *Am nehmlichen 5ten März öffnete man auch die Ausstellung hiesiger Kunstacademie, von deren schönsten Kunstwerken ich hier ein bloßes trocknes Verzeichnis, (da man es den Künstlern, man mag loben oder tadeln, so selten recht machen kann) ohne alle weitere Kritick geben will.*

Direcktor Casanova, ein großes Historisches Bild: des Amphiarus Abschied von seiner Gemahlin, als er nach Theben abzureisen in Begrif steht ... Graff: ein großes mir unbekanntes Portrait, schön wie des großen Mannes sonstige Arbeiten immer, schöner aber sein Prinz Maximilian in Uniform.

Zeichnungen und Kupferstiche Camerata 2 schwartz getuschte Zeichnungen nach niederländischen Gemälden der Chfl. Gallerie, von v. Dyck und Tenier: ein Kind dem der Vater den Hintern säubert, mit vielem Fleiße bearbeitet. Zingg 3 getuschte Landschaften nach der Natur: Augustusburg, ein Wasserfall und Mendelssohns Grabmal.

Zingg hat es in Dresden zu Wohlstand gebracht. Das Akademiegehalt und die Erlöse aus dem Verkauf seiner Bilder summieren sich.

In Dresden ist der Alte stadtbekannt, und er kennt viele in der Stadt. Einer seiner Schüler, Karl August Richter, Zeichner, Familienvater mittlerweile, hat einen begabten Sohn, Adrian Ludwig, der Zinggs Liebling wird. Die Richters haben die stille Hoffnung, Zingg könne dem Jungen ein Legat im Testament ausgesetzt haben. Doch der alte Zingg hat zum Lebensende verloren, was er immer hatte, den Überblick über seine Geschäfte. Jemand hat sich in sein Vertrauen gedrängt und sich zum Universalerben machen lassen. Den Richters entgeht ein bescheidenes Erbe. Es bleibt nicht bei diesem Testament. Aber die Verhältnisse der Richters bleiben trotz einer erstrittenen kleinen Summe bedrängt.

Zingg als Lehrer zu haben, war künstlerisch nicht in jedem Fall ein Vorteil. Richter-Sohn Ludwig meinte später: *Wir lagen in den Banden einer toten Manier, wir alle waren in einem Wust von Regeln und Formeln derart eingeschult, daß ein lebendiges Naturgefühl, die wahre einfache Auffassung der Dinge sich gar nicht regen, wenigstens nicht zum Ausdruck kommen konnte.*

Vater Karl August Richter verdiente sich ein Stück Geld durch die bei Publikum und Buchhändlern in Mode gekommen Ansichten der Dresdner Umgebung. Sein Einkommen als nicht fest angestellter Lehrer an der Kunstakademie war schmal und Richter Oberhaupt einer sechsköpfigen Familie. Einige der Ansichten gefielen so, dass sie 1818 Aufnahme in der »Albina«, dem »Taschenbuch für Wanderer in der Sächsischen Schweiz«, fanden. Der Dresdner Buchhändler Arnold kam 1820 mit einer viel größeren Bestellung. Er wollte gleich ein paar Dutzend Ansichten von Dresden und der Sächsischen Schweiz haben. Das war nicht auszuführen bei seelenvollem Unterwegssein auf einem imaginären Malerweg. Karl August Richter hatte hart und schnell zu arbeiten und musste sehen, wie er ohne Umschweife an die Lieblingspunkte des Publikums kam. Vater Richter hatte glücklicherweise diesen Sohn Ludwig, siebzehnjährig, begabt,

Ludwig Richter:
Wanderschaft

von ihm unterrichtet in der »Kunst«. Ludwig konnte ihn begleiten bei den manchmal mehrtägigen Touren über den Fremdenweg und helfen, den großen Auftrag zu realisieren. Gedruckt nannte er sich 1820 »70 Mahlerische An- und Aussichten der Umgegend von Dresden in einem Kreise von sechs bis acht Meilen; aufgenommen, gezeichnet und radirt von C. A. Richter, Professor, und A. Louis Richter. Dresden, in der Arnoldischen Buchhandlung.« Gebunden kostete die Mappe 5 Taler, koloriert 20 Taler. Die Abbildungen wurden Standardbilder der Sächsischen Schweiz. Friedrich und Carus waren versteckte Kunst.

Der Verleger Arnold konnte sich erlauben, als Mäzen seines malerischen Mitarbeiters, Ludwig Richter, aufzutreten. Mit 400 Taler jährlich sponserte er ihm einen dreijährigen Studienaufenthalt in Italien. Kein Künstler denkbar, der nicht in Italien gewesen war. 1826, als Ludwig Richter zurück ist, malt in der Hauptsache erst einmal Reiseerinnerungen und 1828 erhält der »Italiener« eine Anstellung an der Zeichenschule der Meißner Porzellanmanufaktur. Dafür gibt es 200 Taler im Jahr. Richter ist verheiratet. Acht Jahre wird er in Meißen sein. Also Nebenverdienste. Aus Italien hat er den Gedanken an ein Vorhaben mitgebracht, das er »Drei deutsche Ströme« nennen will, Radierungen, die Rhein, Donau und Elbe darstellen. Doch es wird nichts daraus. Erst 1834 eine Wendung.

Der alte Freund Arnold kommt und will wissen, warum er dem Leipziger Verleger Georg Wiegand die Erlaubnis zum Abdruck einiger Ansichten der Sächsischen Schweiz gegeben habe, die Rechte lägen doch bei ihm, der Arnoldischen Verlagsbuchhandlung. Richter weiß nichts davon. Arnold droht Wiegand mit einer Klage und Wiegand kommt nach Dresden, um sich mit Arnold zu vergleichen. Es ist die Gelegenheit, bei der sich Ludwig Richter und Wiegand kennen lernen.

Wiegand kennt Richter als Illustrator der Sächsischen Schweiz und fragt, ob er nicht für ihn ein paar Ansichten *neu nach der Natur* anfertigen wolle? Wiegand betreibt ein ehrgeiziges, vielbändiges Projekt: *Das malerische und romantische Deutschland.* Richter hegt noch immer die alte Idee von den Deutschlandansichten und dann ist da auf Arnold Rücksicht zu nehmen. Wiegand und Richter verabreden, dass er die Illustration der Sektionen »Harz«, »Franken«, »Riesengebirge« übernehmen wird. Arnold dagegen bringt in diesem Jahr 1834 in seiner »Buch- und Kunsthandlung« ein Querfolioblatt mit zwei größeren und siebzehn kleineren Ansichten der Sächsischen Schweiz von Ludwig Richter heraus. Ihre populären Haupt- und Glanzpunkte sind abgebildet. Aussichten von der Bastei. Das Tor auf dem Neurathen. Drei Ansichten vom Lilienstein. Das Felsentor im Uttewalder Grund. Die Kuhstallhöhle. Der Brand. Der Amselfall bei Rathen. Das Prebischtor. Lohmen.

Richter unternimmt große Fußwanderungen durch die Landschaften, die er abbilden soll. Franken durchwandert er mehrmals kreuz und quer von Nürnberg bis zur Rhön. *Gegen hundert Postmeilen in zwei Wochen,* sagt er stolz. Er ist mit der Sächsischen Schweiz nicht verheiratet, und es sind nicht seine »Prospecte« aus der Sächsischen Schweiz, mit denen er reüssiert. Zu seinem Ruf kommt Ludwig Richter mit seinen Holzschnitten. Über Wiegand wird das sein Metier. Wiegand verlegt »Hebels

Theodor Körner

Alemanische Gedichte«, »Bechsteins Märchen«, ein Goethe-Album, 3 Bände »Beschauliches und Erbauliches«. Lieb und heimlig ist die Welt bei Richter. Ein Spitzweg des Holzschnitts. Die fleißigen Müllersleute, die zufriedenen Alten, die treuherzigen Kinder, der Nachtwächter im Städtchen, die Großmutter am Spinnrocken, der putzige Spitz, die schilpenden Spatzen, die schnurrende Katze. Da ist sie sichtbar, die gute Welt, nach der wir uns sehnen. Es werden Hunderte von Blättern. Richter hört auf, ein Maler zu sein. »Der Brautzug im Frühling«, 1847, ist sein letztes großes Gemälde. Und es gibt auch keine neuen Ansichten der Sächsischen Schweiz mehr. Die von 1834 erscheinen 1860 noch einmal bei Arnold. »Nach der Natur gezeichnet und radiert von Ludwig Richter«.

Das Genie unter den Malern der Sächsischen Schweiz war Caspar David Friedrich.

Theodor Körner machte sich als Erster auf einen empfindsamen Dichterweg durch die Sächsische Schweiz, der zum ausgetretenen Boulevard wurde. 1810 schreibt der junge Mann die Erzählung »Die Reise nach Schandau«. Es ist eine abenteuerliche, hochherzige Liebesgeschichte. Körner ist ein ungestümer Dichter. Innerhalb weniger Monate kann er neun Stücke und eine Unzahl von Gedichten schreiben. Im März 1813 wird er sich ungestüm dem Lützowschen Freikorps anschließen und im August in Mecklenburg erschossen werden.

In der »Reise nach Schandau« gehen Briefe hin und her und die Schreiber durch die Sächsische Schweiz. Der junge Hermann Lichtenfels schreibt seinem Freund Wilmar und die Gräfin Isidore ihrer Freundin Josefine. Isidore und Hermann tragen ein ähnliches Schicksal, wenngleich sie sich zu Beginn der Reise nicht kennen. Isidore und Wilmar sollen ihnen unbekannte Partner heiraten. Hermanns Vater ist auf die ausgefallene Idee gekommen, den Sohn mit der Braut erstmals in Schandau zusammenzubringen. *Ach,* seufzt Isidore, *welchen Verhältnissen geh' ich entgegen! Ich weiß nicht, wo ich, in klösterlicher Einfalt und Demut erzogen, den Mut hernehme, den Gedanken an die Zukunft zu ertragen.*

Auf dem Weg vom Großen Winterberg zum Prebischtor hat Hermann eine Begegnung. Drei fremde Wanderer kommen von dort auf ihn zu, ein Herr, eine Dame und ein Mädchen. *Der Anblick des Mädchens, in deren reizendem Gesicht alles, was ich Schönes und Heiliges kenne, ausgesprochen war, die hohe, edle Gestalt, die mit der Einfachheit ihres Anzuges so herrlich kontrastierte, machte mich stutzen, ich grüßte ehrerbietig.*

Hermann sieht ihr nach, bis sie im Wald verschwindet. Das Mädchen sieht sich zwei Mal um. Am liebsten würde Hermann ihr nacheilen. Wie im Traum langt er am Prebischtor an. Unter einem Baum findet er ein lieblich duftendes Taschentuch und darin eingestickt den Namen Isidore. Hermann läuft vom Prebischtor hinunter nach Herrnskretschen, steigt in ein Boot, fährt elbabwärts und, welche Überraschung, die Fremden besteigen im sich nähernden Schmilka auch ein Boot. *Schon dämmerte die Nacht aus den Tälern, und der Mond gab dem Romantischen dieser Stunde die höchste Vollendung. Es war nicht das, was man Empfindsamkeit nennt und worüber ich so oft gespottet habe, es war eine heilige hohe Begeisterung für das Schöne und Edle.* Und Zufall, die Fremden wohnen im gleichen Schandauer Gasthof wie Hermann und Zufall, durch die Wand kann er hören, wie sie für den nächsten Tag eine Partie auf den Kuhstall verabreden. Hermann wird nicht fehlen und dort mit Isidore die ersten Worte tauschen. Nun ist man miteinander bekannt, doch wie weiter in Schandau? Er zu ihr:

So sind denn die schönen Augenblicke bald verschwunden, wo ich mich Ihrer Nähe freuen durfte: Wenn Sie je wieder dieser schönen Welt gedenken.

Sie zu ihm:

Ach! so erinnern Sie sich doch auch meiner gewiß, ich werde diese Tage nie vergessen.

Hermann gesteht seine Liebe, Isidore weint: *Mein Vater hat schon über mich bestimmt.* Hermann küsst Isidore die Hand. Er weint. Da ruft aus dem Hintergrund der alte Lichtenfels: *Gott grüß Euch, Kinder! Ihr seid ja schon recht bekannt miteinander! Nu, nu, ein Handkuß ist unter Euch beiden nichts Böses. Kommt an mein Herz, Kinder! Nicht wahr, der alte Lichtenfels hat seine Sache gut gemacht!* Sie sind das Paar, das er bestimmt hat. Isidore und Hermann werden in Schandau heiraten. Es ist *der Silberblick der Zeit, der keinem zwei mal glänzt.*

Der dichtende Düsseldorfer Landgerichtsrat Karl Leberecht Immermann reiste gern.

Die Festung Königstein

Während der Gerichtsferien des Jahres 1831 begann er im August eine Herbstreise. Über die Städte in der Nähe – Köln, Heidelberg, Mannheim, Karlsruhe, Frankfurt, Mainz – führte sie nach Magdeburg. In Magdeburg war Immermann geboren worden. In Magdeburg lebte der Bruder. Immermann machte in der Elbestadt Halt. In Deutschland ging die Cholera um. Wohin nun? Berlin musste von der Reiseroute gestrichen werden und der bei Goethe in Weimar angemeldete Besuch kam nicht mehr in Frage. Immermann entschloss sich, Dresden und die Sächsische Schweiz zu besuchen.

Dresden hielt die Konkurrenz mit Berlin und Weimar aus, aber warum in die Sächsische Schweiz?

In Dresden lebte ein Dichter, den viele mindestens so verehrten wie Goethe. Im September 1819 hatte sich Ludwig Tieck eine Wohnung am Altmarkt genommen und lebte hier als der renommierte »Dichterfürst« der Romantik. Wer nach Dresden kam, drängte zu Tieck, wie der Weimarbesucher an den Frauenplan. Tiecks zwei Mal in der Woche stattfindende Literaturlesungen im Haus am *Altmarkt* waren ein Ereignis und sein Urteil galt viel. In Dresden eine Begegnung mit Tieck zu haben war ein anderer Goethebesuch. Dresden ist verständlich.

Immermann traf Tieck in Dresden im Oktober. Der Düsseldorfer hörte Lob über sein Schaffen. Immermann hatte neue Arbeiten dabei. Tieck tauschte sie gegen einen eigenen Novellenschluss. Die befreundete Gräfin Ahlefeldt ließ Immermann wissen: *Er reichte mir die Blätter und sagte: »Wie müssen Ihnen, die Sie so Großes jetzt leisten, meine leichten kleinen Sachen vorkommen!« Ich war so bestürzt über diese Anrede, daß ich nichts erwidern konnte. Er drückte mir die Hand und sagte zum Abschiede: »Wenn wir länger beisammen blieben, würden wir einander recht nahe kommen …«*

In Dresden war Tieck zu treffen, doch was erwartete Immermann von der Sächsischen Schweiz? Vielleicht Abgeschiedenheit in den Zeiten der Cholera.

Seine Reise durch die Sächsische Schweiz endet im literarischen »Reisejournal« am 20. Oktober in Schandau. So wird es in der Wirklichkeit auch gewesen sein. Immermann hatte die üblichen Eindrücke vom Gebirge und war auf dem üblichen Fremdenweg unterwegs. Die erste Station natürlich Lohmen. Aus Dresden war er bei strömendem Regen losgefahren und ein paar Stunden durch eine enttäuschend flache Hügellandschaft, *und schon glaubte ich, die Sächsische Schweiz wolle mich täuschen, als der Hauderer hinter Lohmen uns gebot, auszusteigen, und der Führer uns auf fast senkrecht hinuntergehenden Stufen in den Ottowalder Grund brachte. Da waren wir mit* einem *Zauberschlage im wildesten Felsental. Hier begann die Reihe der Erscheinungen, die mir dieses Gebirgsland gegeben hat. Ich fasse sie so zusammen. Sie sind doppelter Art. Entweder Aussichten auf ein weites, zerklüftetes Bergterrain mit hervorragenden Felsenhörner in abgestumpfter konischer Form, oder labyrinthisches Tal, mauergerade aufsteigender Sandstein, viereckte, rundlich abgewaschene Quadern, wecken oder sackartig übereinangetürmt. Das steht oft in solchen Spitzen, in so schmalen Wänden einzeln, gesondert in die Lüfte, daß man kaum begreift, wie es nicht längst hat zusammenstürzen müssen.*

Er ist auf der Bastei. Er besucht die nächste Station des Fremdenwegs: *Der Kuhstall, eine große, dicke, unterhöhlte Felswand, nach allen Seiten hin wie Brotschnitte zerspalten.*

Dann der Große Winterberg. *Auf die Basaltkuppe des Berges tretend, sahen wir nun freilich nichts als ein ungeheures Nebelmeer. Schließlich die letzte Etappe, das Prebischtor. Nach einem wunderbaren Marsche durch die wilde Gegend erreichten wir spät abends das Tor. Hier lebte ein Böhme, halb im Felsen. Wir krochen in seine Höhle, tranken Melnecker, aßen Ziegenkäse, und schliefen auf weichem Moose. Wie ward uns am folgenden Morgen, als wir hart am Abgrund erwachten, und das, was uns bei Sternenschimmer als schwarze Schattenmasse bedroht hatte, sich im Frühlicht als das sonderbarste Bogen-, Bastion- und Brückenwerk enthüllte, welches die Natur in ihrer Laune je gebildet hat.*

Immermanns hat einen größeren literarischen Ehrgeiz als den eines Reiseschriftstellers. Er macht die Sächsische Schweiz zur Kulisse einer Geschichte und erneut ist es, als sie als »Reisejournal« 1833 erscheint, eine Geschichte von tiefer Liebe und großer Sehnsucht. Auch ihr romantisches Personal ist wieder in Schandau verabredet. Der Journalschreiber findet zu seiner Überraschung im Fremdenbuch seines Gasthofes die Namen einer livländischen Baronesse und eines russischen Fürsten, die er schon in Dresden als unerlöst Liebende kennen gelernt hat. Von der Baronesse hält er nicht allzu viel. Er hat sie in Dresden beim Lesen eines der seichten Romane des Vielschreibers Tromlitz angetroffen.

Immermanns Geschichte wird der Autor Tromlitz einige Jahre später beklauen.

Der Fürst und die Baronesse sind nacheinander im Schandauer Bad eingetroffen. Die Schicklichkeit ist gewahrt. *Ihr Finden im Gebirge konnte, wenn nicht von Gott, doch vor der Welt als zufälliges gelten.* Am Fuße der Winterberge erwartet den Berichterstatter ein bizarres Erlebnis. Totenbleich, erschöpft und am Hinterkopf blutend sitzt ein *armer Mensch* auf einem Stein und klagt mit matter Stimme, er sei zu erschöpft, um die Spitze des Winterbergs zu erreichen. Ein vornehmer Herr, der gestern Abend in Schandau eingetroffen und heute in aller Frühe mit einer anderen Herrschaft nach dem Winterberge aufgebrochen sei, habe hinterlassen, wenn ein Brief mit grünem Siegel an ihn eintreffen würde, solle man ihm den unverzüglich hinterherschicken. Kaum seien die Reisenden eine halbe Stunde aus Schandau fortgewesen, so habe auch wirklich ein reitender Bote einen Brief aus Dresden gebracht, der ihm, als einem zuverlässigen Menschen, vom Wirte zur Besorgung übergeben worden sei.

Der Erzähler lässt sich den Brief zeigen. Er hat die Adresse des Fürsten. Das grüne Siegel symbolisiert eine günstige Nachricht. Der Erzähler weiß, Freunde des Fürsten wirken in Russland bei seinem Vater für ein »Ja« in seiner Liebesangelegenheit. Er nimmt den Brief, entlohnt den Boten, findet die Reisenden auf dem Kleinen Winterberg nicht mehr, schließlich aber doch im Nebel des großen Berges. *Die dunkleren Höhenzüge und die großen Felskegel blickten, am Fuße wie abgeschnitten, aus dem Dunstmeere hervor. Darüber nun der graue, einförmige Himmel, den kein Strahl belebte, so hatte man ein weites, wüstes Bild, zu dem auch die Staffage paßte. Denn die Reisenden schlichen oder standen einsilbig, frierend, in ihre Mäntel gehüllt, da und dort umher.*

Noch übergibt der Erzähler den Brief nicht. Er will erst ein wenig Schicksal spielen, weil das Schicksal ja auch nicht immer gleich mit der Lösung zur Hand ist, wenn die Torheit der Menschen Knoten geschürzt hat, wie er zu wissen glaubt. Er erfährt, dass

C. D. Friedrich: Zeichnender Maler

der Fürst plötzlich nach Böhmen reisen müsse und die Baronesse nach Dresden. Er isst und trinkt ruhig in einem Bretterhäuschen, das die *Vornehmen* sich gemietet haben. Dann sagt der Fürst, es ist wohl Zeit, sich nach Herrnskretschen heruntertragen zu lassen, die Baronesse zittert und nun holt unser Mann endlich den Brief und übergibt ihn dem Adressaten.

Er schaute das Siegel an und rief jauchzend: »Grün! Er willigt ein!« riß das Kuvert ab, verschlang die Zeilen mit blitzenden Augen, stürzte auf die Baronesse zu, die einer Ohnmacht nahe, in den Stuhl gesunken war, riß sie zu sich empor, umfaßte ihren Nacken und keins von beiden achtete des fremden Zeugen. Sie drückte sich sanftweinend an ihn …

Jetzt muss ein Fest stattfinden. Ein echt russisches Fest. Wie es sich der Fürst vorstellt. Wie Immermann es sich vorstellt. Wie russische Feste wirklich sein können. Alle sind eingeladen. Alles muss da sein, wenn die Stunde es verlangt. Überfluss muss herrschen trotz Armut. Auf dem Winterberg steht in den 1830er Jahren eine Bretterbude mit kärglichen Vorräten. Der Dichter und der Bojar verachten poetisch die schnöde Realität.

Die Wirtsleute und ihr Anhang trieben sich kreiselnd umher, um alles so erträglich als möglich zu dem improvisierten Feste ins Werk zu richten. In Küchen und Schuppen wurde gerupft, gekocht, gebraten, Boten flogen hastig zu Tale, denn es sollte um jeden Preis Musik nebst Pechfackeln und Lampen herbeigeschafft werden. An verschiedene Stellen legte man Branntweinfäßchen für Träger, Führer, Diener und sonstige geringe Leute, der größte auftreibbare Raum, eine Art Scheuer, sollte dagegen zum Herrenmahl dienen. Die meisten Wanderer hatten die Einladung angenommen, waren von der Sonderbarkeit der Sache aufgeregt und fingen an, fleißig der Flasche zuzusprechen.

Die Russen hatten Feuer angezündet, um diese lagen die dunklen Gestalten der Zechenden, von denen ein großer Teil schon berauscht war. Sie lärmten, schrien durcheinander, ein paar Studenten deklamierten, die Russen sangen ihre klagenden Nationalmelodien und machten dazwischen groteske Tanzsprünge. Die Musik tat ihr möglichstes und über dem Quirlen und Charivari sausten die Wolken im Nachtwinde hin.

Als das Fest zum Ende gelangt, der Journalschreiber sich entfernt, hört er einen der Zurückbleibenden vom Berg in die Lüfte rufen: *Das All beruht auf Moral und Liebe. Es gibt nur zwei Dinge, die mich zur Bewunderung hinreißen: der gestirnte Himmel über mir und das moralische Gesetz in mir!*

Dichter Immermann lässt eine Stimme hinaufrufen: *Bravo! Da capo!*

Wer sich der neuen Lust am Reisen als Verleger widmete, beschritt selber oft nur zögernd Neuland. Der Leipziger Verleger Georg Wiegand war wohl so ein Mann. Wiegand betrieb eine Art literarischer Landesaufnahme. Für sein ehrgeiziges Vorhaben *Das malerische und romantische Deutschland in zehn Bänden,* brauchte er Autoren, Autoren. Wenigstens mit der IV. Sektion hatten Wiegand und das Publikum Glück. Das Buch über Thüringen schrieb ihm der in Meiningen lebende Märchensammler Ludwig Bechstein. Welchen Dichter aber sollte die Sächsische Schweiz haben, die Wiegand an den Anfang seines Vorhabens stellte? Es waren wenige Poeten nur, die sich dem Elbgebirge angenommen hatten.

Wiegand kam auf den Serienschreiber Tromlitz, den Immermanns kurländische Baronesse mit so leuchtenden Augen gelesen hatte. Von weitem war er sogar ein »Sachse«. August von Tromlitz stammte aus Jena und war im adligen Leben der verabschiedete Oberst Karl August von Witzleben. Tromlitz verfasste in seinem Leben mehr als hundert Romane und 1837 für Wiegand einen romantischen Reiseroman quer durch die malerische Sächsische Schweiz. Unverfroren sammelte Tromlitz ein, was sich auf dem sächsischen-schweizerischen Dichterweg angesammelt hatte. Also die Liebesgeschichte zwischen Felsen. Das geheimnisvolle Herkommen der Helden und Heldinnen aus den östlichen Provinzen Europas. Den Brustton des romantischen Schicksals. Den das pittoreske Gebirge bereisenden Erzähler. Die komische Matrone. Tromlitz schrieb allerdings nicht nur bei den anderen ab, Tromlitz kopierte sich gleich auch noch selbst. Er hatte schon einen Roman »Die Reise in die sächsische Schweiz« mit der Fortsetzung »Das Carneval« geschrieben. Freilich mit bürgerlichem Personal.

Assessor Werner reist mit seinem Freund, Rat Blank, von Dresden aus zwei zauberhaften Blondinen in die Sächsische Schweiz nach. *17. Julius 1822.* Natürlich über den Fremdenweg. *Endlich gelangten sie in eine niedliche Tannenanlage. Die Führer liefen voraus, und in der Ferne tönten nun Harfentöne, und ein melodischer Gesang. Noch einige Schritte, und die schöne Halle, die den unästhetischen Namen des Kuhstalls führt, lag mit ihrer malerischen Aussicht vor ihnen.* In diesem Romanteil wird Werner seine Agathe nicht erringen. Er endet bei der obligaten Szene auf der Elbe bei Schandau. Erst im nächsten Teil wird Werner das »Jawort« der Commerzienratstochter Agathe nach burlesken Zwischenfällen bekommen.

Melodramatischer ist Tromlitz' Schreibwerk für Wiegand »Der Norweger oder romantische Wanderung durch die sächsische Schweiz«. Den Roman beherrscht das Unglück, dass Hadwig, die Ziehtochter eines polnischen Grafen, den russischen Fürsten Demetrius liebt. *Dass Du aber einem Russen Herz und Hand bietest, das vergebe ich Dir nie.* Tromlitz spielt auf der Klaviatur der Zeitgeschichte. 1831 haben die Russen einen polnischen Aufstand gegen die Zarenherrschaft blutig niedergeworfen.

Der alte Graf offenbart sich Friedrich, dem jungen Norweger. In Schandau.

Endlich sagte er tief Atemholend: »Was ich gefürchtet, ist geschehen, ich muß mich von dem Letzten trennen, was mir noch teuer und wert war und was mich noch am Leben festhielt ... Einsam stehe ich in der Welt ... Ich bedarf des Trostes, bedarf Ihrer, bei dessen Anblick ich mich nicht ganz kinderlos fühle ...

Mit dem Grafen und Friedrich wird es keinen guten Ausgang nehmen.

»Friedrich«, rief er plötzlich. »Willst Du mein Sohn , soll ich Dir Vater sein?«

»Nein«, rief ich, »nein, das kann ich nicht!« und der Tränenstrom brach hervor. »Meinen alten Vater verlasse ich nicht!«

Aber mit Hadwig und Demetrius wird es gut. Mache sie glücklich, kann der Graf am Ende Demetrius sagen und Hadwig, *»Dich aber bitte ich, sei Weib, Weib im zartesten Sinne des Wortes, denn nur so kannst Du Deinen Mann glücklich machen«.*

1816 hatte Friedrich Kind die allzu leichtfertige Benutzung des sächsisch-schweizerischen Dichterweges ein wenig zu behindern versucht. Vergeblich. In dem von ihm herausgegebenen Almanach »Die Harfe« war mit »Dallners Reise nach Teplitz« eine Parodie der Körnerschen Erzählung »Die Reise nach Schandau« erschienen und gleich auch noch Götzinger ein bisschen karikiert worden.

C. D. Friedrich: Berg mit Felsenspitze

Der Spaß hob mit dem bekannten Körnerschen Vater an, der seinen Sohn mit einer Braut überrascht: *Mein Vater schlug mir eine Heirat vor, welche er mit einem Freunde verabredet hatte. Um kein Unglück anzurichten, waren die alten Herren übereingekommen, daß wir jungen Leute, ohne von der Verabredung zu wissen, uns vorher kennen lernen sollten.* Alle Bitten des Sohnes, ihm mehr zu sagen, schlägt der prächtige Vater ab. Nur, dass sich ihm die Unbekannte auf Umwegen zeigen wird. Der Prolog einer Verwechslungskomödie ist geschrieben, die als Posse ihren Lauf nimmt. Die verlorene Perücke des künftigen Schwiegervaters, Obrist Wagner, bringt Dallner seiner Braut näher. Die Matrone Mamsell Molly, die den Obristen Wagner und seine Tochter Mathilde begleitet, meint, Dallners Sehnsüchte würden ihr gelten. Anstatt der blauen Blume der Romantik duftet in »Dallners Reise« Schnittlauch. Pastor Grille hat die Grille gehabt, im Kuhstall ein eigenes Oratorium aufzuführen, wonach er Lichtenhainer Felsenhalle heißen soll. Aber, sagt Dallners Führer, ich mache mir nichts daraus, und nenne es doch so fort, ob ich gleich den Pastor G. lieb habe, weil er ein Buch herausgegeben, worin ich abgemalt bin. Mathilde lernt Dallner lieben und Dallner Mathilde.

Bedeutendere Werke wollten den Dichterweg nicht zieren, bedeutende Dichter sah er wohl. Der dänische Märchendichter Hans Christian Andersen erlebte 1831 auf der Bastei ein Märchen. *Die ganze Natur war mir eine große lyrische Dichtung in jedem möglichen Versmaß.* Überhaupt die Dänen. Der Däne Karl Gjellerup schrieb einen Roman, der im Felsengebirge aus und ein geht. Den greisen Martin Andersen-Nexö, seit 1952 in Dresden lebend, traf man in der Sächsischen Schweiz.

Gjellerup hatte 1882 als ein junger Mann von 25 Jahren Dresden und die Sächsische Schweiz besucht. Sie wurden eine Liebe Gjellerups. Von 1892 an lebte Gjellerup ganz in Dresden, und hier starb er auch im Oktober 1919. Seinen Roman von 1889, »Seit ich zuerst sie sah«, ließ er über viele Kapitel in der Sächsischen Schweiz spielen. Harald, ein junger Däne, Student in Dresden, verliebt sich in der Elbsommerfrische Rathen in Minna. *Schräg, wie ein Hund läuft, setzt die Fähre über den Fluß, der sie selber vorwärtstrieb; denn sie war an einer Tonne befestigt, die ein Stück weiter oben wippte, und der Fährmann brauchte bloß ab und zu die Kette, die durch eine Winde oben an dem kleinen Maste lief, straff anzuziehen.* Minna hat einen ehemaligen Geliebten, auch ein Däne, ein Maler, der kommt auf die Nachricht sofort nach Dresden. Das gute Kind hat ihm von der neuen Liebe geschrieben. Maler Jespersen kann sie mit dem Argument zurückgewinnen, er, der Künstler, könne ohne sie nicht leben. Es geht gut und dann nicht. Jahre sind vergangen. Minna ist schwermütig geworden, sie wird Patientin des »Sonnensteins« in Pirna. Harald fasst einen Entschluss, *mein ganzes Leben Minna zu weihen, verheiratet oder nicht,* doch Minna stirbt. *Auf dem Grabe ließ ich eine abgebrochene Säule aus sächsischem Serpentin* errichten.

Der Sächsischen Schweiz tat Gjellerup Gutes mit einem schönen Namen, Sandsteinland. Den Lesern mit einer schönen Strophe von Heine im Buch, *schon wieder bin ich fortgerissen/Vom Herzen, das ich innig liebe,/Schon wieder bin ich fortgerissen –/O wüßtest du, wie gern ich bliebe.* Die schwedische Akademie tat 1917 dem Dichter Gjellerup Gutes. Sie verlieh ihm den Nobelpreis für Literatur.

Immermanns »Reisejournal« fand Welten nach seiner Entstehung ein geräuschvolles Echo. »Ein abfälliges Urteil über die sächsische Schweiz«, strafte Gebirgsvereinler Sophus Ruge Immermann in der Zeitschrift »Über Berg und Tal« 1901 ab. Immermann war in einem Aufsatz als eine Autorität in Sachen Sächsische Schweiz bezeichnet worden. *So wollen wir doch 'mal näher untersuchen, ob die Anrufung Immermanns wirklich in diesem Falle als ein glücklicher Gedanke zu bezeichnen ist,* rief Sophus Ruge aus und untersuchte vor allen Dingen das Bojarische Bacchanal auf dem Winterberg näher.

Es ist wirklich ein starkes Stück, eine solche Walpurgisnacht auf dem Winterberge uns für bare Münze anzubieten, wo alles den wirklichen damaligen Verhältnissen Hohn spricht.

Als romantische Erfindung vorgetragen, mag es hingehen, aber nie und nimmer als Reiseerlebnis, ... denn wir verlangen von einer Reisebeschreibung, daß sie uns den landschaftlichen Charakter einer Gegend mit dem Auge eines Naturfreundes oder Naturkenners, aber nicht nach den Launen romantischer Stimmungen schildere.

Der Vereinschlaumeier kannte schließlich noch den finalen Grund, der Immermann unwiderruflich als Autor disqualifizierte. Immermann hatte sich durch die Sächsische Schweiz *tragen* lassen: *Nun weiß man doch, daß die umgebende Natur niemals stärker auf uns wirkt, und uns auch befähigt, von ihr ein getreues Bild zu entwerfen, als wenn wir zu Fuß wandern ...*

Was macht auch mein liebes Dresden?, fragte Heinrich von Kleist im Juli 1801 Karoline von Schlieben in einem Brief aus Paris. Er war vor einigen Monaten in der Stadt gewesen und von 1807 würde er für Jahre in ihr leben.

Ich sehe die Elbhöhen, die in einiger Entfernung, als ob sie aus Ehrfurcht nicht näher zu rücken wagten, gelagert sind und gleichsam von Bewunderung angewurzelt scheinen – und die Felsen im Hintergrunde von Königstein, die wie ein bewegtes Meer von Erde aussehen, und in den schönsten Linien geformt sind, als hätten da die Engel im Sande gespielt – und die Elbe, die schnell ihr rechtes Ufer verläßt, ihren Liebling Dresden zu küssen, die bald zu dem einen, bald zu dem anderen Ufer flieht, als würde ihr die Wahl schwer ...

Wenn Kleist doch stromaufwärts gegangen wäre. Das Gebirge hätte einen Dichter gehabt.

Hygienische Winke für Reisende

Natürlich gibt es eine Kunst des Reisens. Und auch Verhältnisse, wo das Reisen eine Kunst ist: Kriege, Grenzen, Hass, Politik, Armut. Das 19. Jahrhundert hatte die schönen Probleme, wenig oder schlechte Herbergen, keine Trekkingkleidung, keine Powerschnitten, keine Handys, kein Outdor, das 19. Jahrhundert hatte das Problem, dass das Reisen neu war. Neues muss gelernt werden. Die Reisepädagogik reüssierte. 1889 konnte Arthur Michelis seine *Reiseschule für Touristen und Kurgäste* in Leipzig bereits in der 4. Auflage herausbringen. Über 300 Seiten Hinweise: *Sonnenschirm für Kurgäste, Geselliger Umgang mit Leidenden, Selbstverteidigung, Mittel gegen Überteuerung, Lob der Zigarre, Abwärtssteigen, Bett, Abschätzung der Gäste, Table d'hote, Hypochondrische Grübeleien, Hauptliste für Mitzunehmendes:*

Warme Überschuhe, Staubhemd, wollene Leibbinde, Reserveknöpfe für Ober- und Unterkleider, Feuerzeug, doppelt, schwedische Zündhölzer in Blechkapsel, Wachslichtchen, Huthakenklammer, Fernrohr ..., englisches Heftpflaster oder ostindisches Pflanzenpapier, Insektenpulver und Essenz, Tintenfaß, Taschenfeder (auf einer Seite Schreibfeder. Auf der anderen Bleistift, beides in eine Hülle zurückzuschieben) ... Blechlaterne zum Zusammenlegen, ein weiches Wildlederfell, zu Belegung feuchter Bettwäsche, eine Hängematte aus Aloebast, u. a. als Schutz gegen Bodenfeuchtigkeit und Gewürm ... Revolver ...

O ferne Zeit. Huthakenklammer?

Huthakenklammer: ein gespitztes stählernes Häkchen, durch ein Gelenk mit einer elliptisch ringförmigen Klammer verbunden, die durch Verschiebung eines oben angebrachten Ringes geschlossen werden kann. In die Klammer wird der Rand der Hutkrämpe gefaßt und das Häkchen in die Wand des Wagens eingestochen oder beim Wandern, wenn man barhäuptig gehen und den Hut nicht in der Hand tragen will, in die Weste. In vielen Wagen fehlt es häufig an Vorrichtungen zur Aufnahme der Hüte ...

Revolver ?

Der Revolver, wo er nicht jugendlicher Geckenhaftigkeit als Spielzeug, sondern der Sicherung von Leben und Eigentum ernsthaft dienen soll, gehört unter die Stücke der Reisehilfsmittel, die nie Parade machen: nachts liegt er nicht offen neben dem Bette, sondern unter dem Kopfkissen oder dessen Stellvertreter, unterwegs steckt er nicht in der Rocktasche, nicht wie beim Opernräuber Pistol und Dolch offen im Gürtel. Das Zeigen der Bewaffnung kann freilich Diebesgelüst unterdrücken, noch leichter aber dieses in einen Mordanfall verwandeln. Auf gewöhnlichen Fahrten ist ein Revolver eher schädlich als nützlich.

Das spezielle Reiseland Sächsische Schweiz hatte zur allgemeinen selbstverständlich noch seine eigene sächsisch-schweizerische Reisepädagogik. Es war von Anfang an eine entwickelte touristische Provinz. Wie die Zeiten, so die Regeln. Sie sind ein kulturhistorischer Spiegel der Reiseverhältnisse. Meinholds »Touristenführer durch die Sächsische Schweiz«, 1884, *Sr. Königl. Hoheit dem Prinzen Georg Herzog zu Sachsen etc.*

Aussicht von der Bastei

ehrerbietigst zugeeignet, 185 Seiten, 1 Mark 80 Pf. S. 103, *Ausflüge von Schandau nach den Schrammsteinen und deren Umgebung. Meist ausserordentlich wilde Parthien. Für die längeren derselben* verproviantiere man sich. *Man vermeide bei der Auswahl von Lebensmitteln scharf gewürzte Speisen und Spirituosen. Als Getränk dient am besten kalter Kaffee.*

Götzinger meinte es menschenfreundlich, als er 1812 seinem Reisebuch 14 *Verhaltungsregeln für diejenigen, welche die sächsische Schweiz bereisen,* beigab. Der gut gerüstete Romantik-Reisende besaß einen leichten ledernen Hut oder eine andere leichte Mütze. Eine kurze Jacke, auch leicht, aber fest der Stoff. Einen Oberrock für Regen und kaltes Wetter. Hosen ohne Kniegürtel. Kräftige Stiefel mit Absätzen, die Absätze mit Nägeln beschlagen, *damit sie auf abhängigen oder durch dürres Gras, Nadeln und Moos glatten Wegen besser eingreifen,* einen Stock mit Nagelspitze, *so wie auch ein Paar Strümpfe zum wechseln.*

Der ideale Reisende versah sich mit einem Fernrohr, mit einem Messer, einem festen Becher und einer kleinen Flasche. Natürlich war sie aus Glas und deshalb zum Schutz mit Stroh umflochten. Die Flasche füllte er mit Wasser, Milch oder Wein, *mit Limonadenpulver oder Weinsteinkrystallen, um sich Bey jeder Quelle eine kühlendes Getränk bereiten zu können; und wer es noch bequem fortbringen kann, nehme einige Eyer, klaren Zucker, Arak oder Rum mit einem Theelöffel mit: nichts ist in großer Hitze nach star-*

ker Erhitzung labender und stärkender, als ein Eydotter in das Glas geschlagen, klarer Zucker eingerührt, und dann Arak oder Rum darunter gerührt und so getrunken.

Es lohnt den Versuch.

Einiges war ganz anders. Der moderne Reisende ruft das Echo herbei. Der romantische ballerte in die Luft.

Man lasse das Schießgewehr zu Hause. Es ist das Schießen verboten, weil in dürre Nadeln gefallene Pfropfe beinahe Waldbrände verursachten.

Einiges ist auch nach zweihundert Jahren geradeso.

Man nehme ja keinen Hund mit. Sie verderben ihrem Herren und der ganzen Reisegesellschaft die Freude ihrer Reise und halten sie auf, wenn sie sich von ihm verlieren. Kann man sich aber durchaus nicht von diesem Thieren trennen, so leite man sie wenigstens die ganze Reise hindurch an einem Leinchen.

Der frühe sächsische-schweizerische Reisende klopfte in gastronomischer Not oft an die Türen der Landbewohner. Die waren nicht nur nicht darauf eingerichtet, sie hatten auch Wichtigeres zu versorgen als diese Reisenden, das Vieh im Stall oder auf der Weide, den Acker, die Ernte, die Mahd. *Man kehre lieber in einer Mühle oder einem Wirthshause ein, als daß man Familien zur Last fällt,* mahnte der Pastor.

Nun aber das Wetter, wie würde es werden, keine Prognosen nirgends außer draußen in der Natur. Und die Reisenden waren Städter. Also ein Schnellkursus für gutes Wetter: Wenn die Sonne an einem klaren, rötlichen Himmel untergeht. Wenn dabei der Wind aus Osten kommt und sich im Osten keine Wolken zeigen. Wenn Käfer und Mücken in kleinen Schwärmen fliegen. Die Bienen spät in den Stock kommen. Die Fledermäuse häufig fliegen. Wenn die Hängespinnen in der Nacht ein neues Netz gemacht haben. Wenn aber diese Kennzeichen fehlen, die Sonne blass untergeht, die Sterne abends bleich sind, der Hahn nach Sonnenuntergang oft kräht, die Mücken besonders plagen, die Abtritte ungewöhnlich stinken, ist ein Regentag zu erwarten. *Wenn dabei noch die Krähen mit aufgesperrtem Schnabel umherfliegen; das Rindvieh in den Kopf in die Höh reckt und das Maul leckt; die Katzen schlafend mit dem Hintertheil des Kopfs aufliegen; Gänse und Enten ihre Federn putzen und unstät sind, so kann man sicher auf zur Reise ungünstiges Wetter schließen.* Wie das Wetter wird, konnte der romantische Reisende lesen, wie der moderne. Nur, dass er vors Haus gehen musste.

Am Ende des Jahrhunderts gab es sehr viel mehr Reisen und Reisende. Richtig reisen konnten sie scheinbar noch immer nicht. Nach Meinung eines Beobachters in den »Hamburger Nachrichten«, Robert Heller, hatte, 1889, nur ihr Hochmut zugenommen, die hätten nämlich am *meisten zu lernen, die mit den Methoden zu reisen, am vertrautesten zu sein glauben. Denn ihr Verfahren ist doch immer Dilettantismus geblieben ...* Für den sächsisch-schweizerischen Reisenden sprang im Mai 1907 im Gebirgsvereinsorgan »Über Berg und Tal« Dr. Gotthilf Thränhardt mit den »Hygienischen Winken für Wanderer« in die Bresche. Das Verhältnis zwischen den Gästen und den Wirten muss ein leicht gestörtes gewesen sein, denn Thränhardt empfahl ein gewisses Ritual: *Kommt man ins Nachtquartier, so bestelle man zuerst sein Essen (das macht dem Wirt einen guten Eindruck) und geht, während dieses zubereitet wird, auf sein Zimmer, nimmt eine halbe Ganzwaschung vor, wechselt die Wäsche und untersucht die Füße nach Blasen und wunden Stellen.* Die Füße sind des Wanderers *wichtigstes Körperteil*, hatte Thränhardt festgestellt. Vormittags und nachmittags befreie man sie für ein halbes Stündchen abseits der Touristenheerstraße von den Strümpfen. Thränhardt wartete mit einem umfassenden Trainingsprogramm für das wichtigste Körperteil auf. Es begann drei Tage vor Wanderungsantritt mit einem heißen Seifenfußbad zur Ablösung der Hornhaut. Die nächsten Tage waren die Füße zur Abhärtung drei Mal täglich in kaltes Wasser zu tauchen. Nun aber war alle Seife zu vermeiden, *denn warmes Wasser und Seife machen die Haut empfindlich.* Jetzt konnten die wollenen Strümpfe übergestreift werden, aber ganz neu für die Kleidung war *Loden*, das der übrigen zivilisierte Welt mit der Zeit als ein Stück Deutschtum erschien. Und dann der Hut, das Hauptereignis.

Die Beschaffenheit des Hutes spielt keine besondere Rolle, denn diesen trägt ein richtiger Tourist meist vorn angehängt und gönnt dem Kopf das belebende, Kopf kühlende, nervenerfrischende, haarwuchsfördernde Luftbad. Jedenfalls darf man den Hut niemals fest auf den Kopf drücken, weil dadurch die Adern zusammengepreßt werden und der Haarwuchs leidet.

Und wie aß der professionelle Tourist?

Im allgemeinen gestaltet man seine Ernährung ähnlich wie im gewöhnlichen Leben, nur mit etwas mehr Fleisch und Eiern. Sehr nahrhaft und wertvoll sind die fetten Nahrungsmittel, Butter, Speck …

Nicht so empfehlenswert war das reine Zuckeressen, oder höchstens bei alpinen Touren, noch häufiger aber, fand Thränhardt, wird des Guten zu viel getan im Trinken. *Geradezu verhängnisvoll ist die Gewohnheit mancher Menschen, vor jedem Gasthaus Halt zu machen, um ein Glas Bier oder Kognak hinunterzugießen.*

Besonderen Anforderungen mussten sich die sächsisch-schweizerischen Gebirgsvereinler stellen. Der Redakteur ihres Vereinsorgans, Friedrich Teile, eröffnete den Jahrgang 1890 des Blattes mit einem Artikel unter der ehernen Überschrift »Eines Gebirgsvereinlers Ruhestätte«. *Der Jahreswechsel führt uns unter anderen Gedanken auch den zu Gemüte: Wirst Du wohl auch das Ende dieses soeben begonnenen Jahres erleben? Und diese ernste Frage drängt uns, das und jenes noch zur Ausführung zu bringen, ehe es zu spät dazu geworden. So hätte auch ich, der ich kein Jüngling mehr bin, sondern bereits die erste Hälfte des achten Jahrzehnts hinter mir habe, als Redakteur eines Gebirgsvereinsblattes schon längst etwas auf dem Herzen, was mich drängt, es einmal gegen die werten Leser unseres Vereinsorgans auszusprechen.*

Nur, Teile schrieb über etwas anderes als das Denkbare. Er schrieb nicht über die letzte Ruhestätte, er schrieb über die nächtliche. Immer bei offenen Fenstern solle sie bezogen werden, zu jeder Jahreszeit, mit einer sehr festen Unterlage, er schlafe zwischen zwei Fenstern, auf Rosshaar, bei Minusgraden, nur wenn Schnee ihn von draußen überwehe, denke er an einen gewissen Schutz. *Kurz, ein Gebirgsvereinler sollte sich unter allen Umständen es sich zur Lebensregel machen, nachts bei offenem Fenster zu schlafen.*

In der wärmeren Jahreszeit folgten Ratschläge: »Eines Gebirgsvereinlers Morgen-

Zeitschrift des Gebirgsvereins

wäsche«. Sie hinterlassen ein Grübeln. *Der Gebirgsvereinler von echtem Schrot und Korn aber, der Freund der Natur und der frischen Luft, wird seinen Körper in ausgedehnter Weise auch die Wohltat des frischen Wassers zuteil werden lassen.*

Grund zur Überhebung besteht nicht. Reden wir über uns in hundert Jahren. Teile wurde fünfundachtzig.

Die Winterberge

Ich sehe etwas, das du nicht siehst

Um den kleinen ranken sich Legenden, den großen Winterberg rühmte seine Aussicht.

Wie wäre es, erwägen vor zweihundert Jahren die Reisenden von Carlson-Renners »Malerischen Darstellungen aus Sachsen«, wenn wir in dem steinernen Häuschen am Felsrand des Kleinen Winterbergs über Nacht blieben?

Sie sind 1802 an der unwirtlichsten Stelle des Fremdenwegs angekommen. Schandau liegt weit zurück, Kuhstall, Winterberg und Prebischtor sind ohne Unterkunft, nach Herrnskretschen geht man noch viele Stunden. *Hier könnte man ja wohl auf einem Lager von Laub eine Nacht zubringen, wenn man mit Anbruch des Tages die Gegend gemächlich durchstreifen wollte.*

Gott behüte, wehrt der Kundigste der Reisende furchtsam ab. *Hier spukt es!* Er kennt eine schaurige Geschichte. Der Geist eines früheren Besitzers des Häuschens geht, zur Strafe für seine Mensch und Tier quälende Jagdleidenschaft, bei Nacht um. Jeden, den er trifft, wirft er aus dem Haus und behandelt ihn schrecklich. Häufig, am meisten in der Jagdzeit, flackert in der Nacht ein Licht hinter den Fenstern und verkündet die Anwesenheit des toten Jägers. *Für keinen Preiß möcht' ich nächtlicher Weile hier hausen.*

Eine Legende haftet am Kleinen Winterberg, die ihren historischen Kern hat. Kurfürst August soll 1558 bei der Rückreise über Prag von der Kaiserkrönung Ferdinand I. in Frankfurt hier mit Gefolge Halt gemacht haben, um zu jagen. Sohn Christian, der sächsische Kurprinz, dabei. Ein kapitaler Hirsch wird Kurfürst August zugetrieben. Manchmal in den Legenden ist er weiß. Der Hirsch flüchtet sich über schmalen Pfad auf einen Felsen und ist, ausweglos, im Begriff, den Steig wieder hinunterzujagen. Dort aber steht der Kurfürst und ist in Gefahr, in die Tiefe gerissen zu werden. Er legt die Büchse an und ruft, *Entweder ich treffe Dich, oder Du bringst mich ums Leben.* Getroffen stürzt das Tier in die Tiefe und zerschmettert. Auch die Chroniken berichten von einem Hirsch auf den Felsenspitzen. Johann Michael Weisse erzählt in seiner *Beschreibung des churfürstlichen Amtes Hohenstein* 1729 die Geschichte alltäglicher und herrschaftlicher.

Es hielt sich in diesem Felsichten Hohen Gebürge ein sehr alter Hirsch auf, der sich angenommen, daß, wenn man der Orten jagte, sich derselbe durch einen Schlupfwinkel auf einen der höchsten Felsen retirirte, öffentlich dastand, und sich präsentirte, als ob er derer Jäger spottete, weil ihm verfolgen, noch mit Geschoß erreichen konnte, welches er öfter also gehalten. Als nun einstens Churfürst Augustus, mit beysein des Chur-Printzen Christian I. und vieler anderer Chavaliers, der Ortes sich devatierte, fand sich der Hirsch auf einer hohen sicheren Zinne ein, und zeigte sich vor allen offenbarlich. Dem Churfürsten tats wehe, diesem Thiere nicht Abbruch zu thun, und solchen Frevel rächen zu können, ließ

Ludwig Richter, Überfahrt über die Elbe am Schreckenstein

Caspar David Friedrich, Grabmale alter Helden

Caspar David Friedrich, Feldstein bei Rathen ▷

Carl Gustav Carus, Die "Kleine Gans" bei Rathen

Aussicht vom Großen Winterberg

mit allem Fleiße durchsuchen, und einen Zugang so ferne zubereiten, daß man ihn mit einem starken Schuß erreichen könne, und nahm sich vor, diesen sicheren Prahler mit eigenen hohen Händen zu demüthigen, welches so wohl abging, daß dieser auf seiner Parade Knall und Fall von dem hohen Felsen abgeschossen ward und über die Felsen in die Kluft stürzete, das Wildpret gantz zermalmet und zum Essen unbrauchbar ward. Also wird der Hochmuth auch von unvernünftigen Thieren gebrochen und große Herren haben lange Arme und Büchsen, an denen, so ihrer spotten, Rache zu üben.

Die Herrschaften lassen auf dem Berg ein Jagdhäuschen errichten. Es muss ihnen als Jagdrevier gefallen haben. Kurfürst August ist ein gewaltiger und die Verletzung seiner Gerechtsame grausam bestrafender Nimrod. 1565 schießt er eigenhändig 104 Hirsche. Prinz Christian lässt für seinen Vater über der Tür eine Steintafel anbringen, die ihn lateinisch als großen Jäger rühmt. Den Lobspruch fertigt der geübte Schandauer Pfarrer Justus Sieber. *Mons prope fert alta cacumina saltus ...* Kollege Götzinger überträgt ihn später für die Lateinunkundigen: *Auf dem nahe Böhmens Wäldern gelegenen hohen Berge, dem von seiner rauen Luft der Winter den Namen gab, jagte August auf unwegsamen Pfaden einen sehr schönen Hirsch und stürzte ihn mit knallendem Schuß in den Abgrund hinunter. Sein Fall war so schrecklich, daß er die Gebeine zerschmetterte und das Wildpret ungenießbar machte.*

Die Dresdner »Abend-Zeitung«

Christian, dessen Miene und Handlungen ganz seinem Namen entsprachen, war so erfreut über des Vaters denkwürdige Tat, daß er, um sie der Vergessenheit zu entreißen, dieses Denkmal errichten ließ.

Beider Fürsten Ruhm wird unvergänglich und das ganze Fürstenhaus durch die Tat unsterblich sein. Der Höchste verleihe, daß ihnen an Tugend und Ruhm der geliebte Nachkomme gleiche.

Die Reisenden um 1800 treffen auf das Winterberghäuschen als eine bröckelnde Ruine. *Sonst war es mit Tischen und Stühlen versehen, die der Muthwille hier weidender Kinder entwendet; izt ist es so leer, als ein Logis ohne Meubles*. Statt der Tapeten zieren Namen die Wände. Die Sache fällt den Ämtern auf.

1803 schicken der Oberforstmeister von Oppell und die Hohnsteiner Amtsvorsteher Lichtwer und Hedenius auf Anforderung einen Bericht über das so genannte Winterhäuschen an das *Geheime Finanzkollegium* in Dresden. Im Januar 1804 wird die Wiederherstellung befohlen. Im *Geheimen Finanzarchiv* finden sich Hohnsteiner Akten zum Winterhaus. Die eine von 1628/29: *Ein neu steinern Gebäudlein ist auf sonderbare Anordnung uffn Winterberge anno 93 gebauet worden, darin eine mit Golde geschriebene Tafel und Hirschkopf sammt einer verschlossenen Tür und 6 Fenster mit Anwürfen, auch ein runder Tisch, eine Täflein und 12 Lehnbänklein anno 1600 erzeuget.* Die andere ist von 1695: *Jetzo aber ist darinnen gar nichts mehr zu befinden, sondern es stehet nur das bloße Häuslein, weil in der Kriegsunruhe Alles spoliret und zerschlagen worden.*

Als Götzinger vor dem Neudruck seines Buches 1812 den Ort besucht, ist noch immer nichts geschehen. *Der Wunsch, daß dieses für die Geschichte und Charakteristik zweier so berühmter Fürsten des Vaterlandes merkwürdige Gebäude ganz wieder hergestellt und erhalten werden möchte, welchen Inländer und Ausländer – Sachsen und andere Deutsche – hier oft geäußert haben, wird vielleicht noch in diesem Jahr in Erfüllung gehen ...* Erst 1817 wird anstelle des alten ein neues Gebäude errichtet werden. Die Reisenden rühmen den herrlichen Blick aus den Fenstern auf die wilde Gegend.

Der Vorsteher der Dresdner Antikensammlung, Karl August Böttiger, hat den Kleinen Winterberg ausgelassen und ist gleich in aller Herrgottsfrühe von Schandau auf der Elbe mit einem Schiffchen nach Schmilka und dort um 6 auf den Großen Winterberg. Ihn mag der beschwerliche Aufstieg geschreckt haben, wahrscheinlicher, dass er, vom Kuhstall kommend, ein Nachtquartier auf der vorletzten Station des Fremdenwegs gebraucht hätte. Doch daran ist Mangel im Juni 1817, als er unterwegs ist. *Könnte man doch das auf dem kleinen Winterberg ziemlich zwecklos stehende Haus mit einem Zauberschlage hierher versetzen!,* seufzt Böttiger. *Das alles Schöne und Gute belebende Geh. Finanz-Kollegium hätte wohl die Zauberruthe dazu in der Hand!*

Böttiger findet einen von Reisenden und Autoren belebten Ort. Ob wir uns über das Jahr 1817 täuschen? *Hundert haben das große Natur-Panorama von der Riesenkuppe geschildert und Horizontcharten dazu geliefert!* Böttiger ist in seinem Reisebericht in der

Herberge auf dem Großen Winterberg

Alfred Diethe: Harfenspieler auf dem Großen Winterberg

Dresdner Abendzeitung am 17. Juli für seinen literarischen Charakter überraschend knapp. Vielleicht geht ihm, vier Tage auf dem Fremdenweg, ein bisschen die Puste aus. Der Mann ist 57. Im Jahr 1817 ein hohes Wanderalter. Ein Gebäude wird den Großen Winterberg erst im nächsten Jahr zieren. Das Dresdner *Geheime Finanzkollegium* wirkt an vielen Stellen für die Bequemlichkeit der Reisenden. Machen wir aus Sehnsucht kein zu stilles Bild der fernen sächsisch-schweizerischen Zeit.

Seit Dezember 1811 schon haben die Förster von Postelwitz, Mittelndorf, Ottendorf und Hohnstein Anweisung, Bericht zu erstatten, *wegen notdürftiger Herstellung der Orte, die von den Reisenden am meisten besucht würden und dahin öfters nicht ohne Gefahr zu gelangen wäre.* Auch Pastor Götzinger wird um Vorschläge ersucht, was ihm bei seinem Eifer für die Sache nicht unangenehm gewesen sein wird.

Die Listen der Förster sind lang. Der Lichtenhainer: Den Weg durch die Schlüchte bessern, der auf die oberen Felsen des Kuhstalls führt. Die Schlüchte sind durch Regen und vieles Begehen so schlecht geworden, *daß ein etwas starker Mensch nicht mehr durch selbe passieren kann.* Bessere Wege auf den Wildenstein, Vorderes und Hinteres Raubschloss ... Der Ottendorfer Förster: Die Fußstege auf Arnstein und Kleinstein in Stand setzen ... Der Hohnsteiner: Am Steig auf den Hockstein an mehreren Stellen ein Geländer anbringen ... Die längste Liste legt Götzinger im Februar 1812 vor. Er kommt mit ihr ziemlich spät und entschuldigt sich, er habe mit der Neuausgabe seines Buches viel zu tun und genieße wenig Unterstützung. Götzinger schlägt vor: Das Plateau des Kuhstallfelsens mit einem Geländer umgeben. Für das Besteigen des Hinteren Raubschlosses in den Felsen breitere Stufen einhauen. Am Speichenhorn eine Leiter anlegen. Den Falkenstein durch Stufen und Falze zugänglich machen. Ein kleines leichtes, den Reisenden Zuflucht bei Regen und Gewitter Wind bietendes Sommerhäuschen auf dem großen Winterberg anlegen ...

Im überall florierenden sächsisch-schweizerischen Baujahr 1818 wird die Errichtung eines Holzhauses auf Kosten der Forstkasse auf dem Berg begonnen, das den Nachteil hat, nicht fertig werden zu wollen. Einmal hat der Bauführer Neubert kein Geld, die Arbeiter zu bezahlen, dann erweisen sich seine geschätzten Baukosten als zu niedrig. Als es endlich im Frühjahr 1819 auf dem Bergrücken in Richtung Schmilka steht, stellt Amtszimmermeister Dreßler aus Hohnstein im Juli viele Mängel und Schludereien fest. Es muss nachgebessert werden. Lange steht das Haus nicht.

Am Abend des 30. März 1821 sind in Schmilka Flammen auf dem Berg zu sehen. In dieser Jahreszeit ist niemand oben, keine Reisenden, kein Wirt. Das hinaufeilende Forstpersonal trifft nur noch auf kohlendes Gebälk. Ein Gerücht macht die Runde. Der Wirt vom Prebischtor habe das Haus angesteckt. Oder Wilddiebe gezündelt. Eine Belohnung von 20 Taler wird zur Aufklärung der Brandstiftung ausgesetzt. Erfolglos. Jetzt beginnt die Zeit der Provisorien. Bretterhütten werden errichtet, kleine Wirtschaftshäuschen. Wirt Büttner will den Reisenden bieten, was überall zu ihrem Vergnügen aufkommt und wo ein guter Wirt mithalten muss: Musik. 1828 ersucht Büttner, Musik *halten* zu dürfen. Auf der Bastei wird lange schon *Musik* gemacht und auf dem Kuhstall seit dem vorigen Jahr. Nicht irgendwelche Musik wird in den Bergen gemacht. Harfen erklingen von böhmischen Mädchen gezupft. Es ist wahrlich ein zartes Gebirge. Man wird in Sänften getragen und unten am Fluss warten Gondeln. Die Behörden lehnen Büttners Antrag ab. Wieder geben Wilddiebe das Gespenst. Nach Lage der Dinge kämen auf dem Winterberg nur böhmische Musikanten in Frage, heißt es amtlich. Und unter denen sei vor zwei Jahren ein berüchtigter Wilddieb gewesen. Aber etwas kommt für den Winterberg zu Stande. 1835 ein Aussichtsgerüst, um nicht hinter dem immer höher wachsenden Buchenwald zurückzubleiben. Die Berichte der Reisenden über die Aussicht waren von Anfang an schwärmerisch.

Der biedere Pastor Nicolai: *Nun tritt neben diesem Walde hinauf, bis Du ins Freie sehen kannst. Dann rede, wenn Du es vermagst. Sprich, wie Dir ist ...*

Böttiger: *Nun rasch die oberste Kuppe hinan, wo der trunkene Blick in das nächste Felsenlabyrinth und in das Rundgemälde des ganzen obern Meißnerkreises, und der angrenzenden Lausitzer und böhmischen Gebirge bis zur Tafelfichte und nach Schlesiens Riesenmauer hin sich senkt.*

Reisender Lehmann 1845: *Diese ganze entzückende, vom letzten Roth der Sonne beleuchtete Landschaft gewährte uns allen so viel Vergnügen und versetzte uns in eine so heitere und freudige Stimmung, daß ich diesen Sonntag zu meinen schönsten bis jetzt verlebten zähle.*

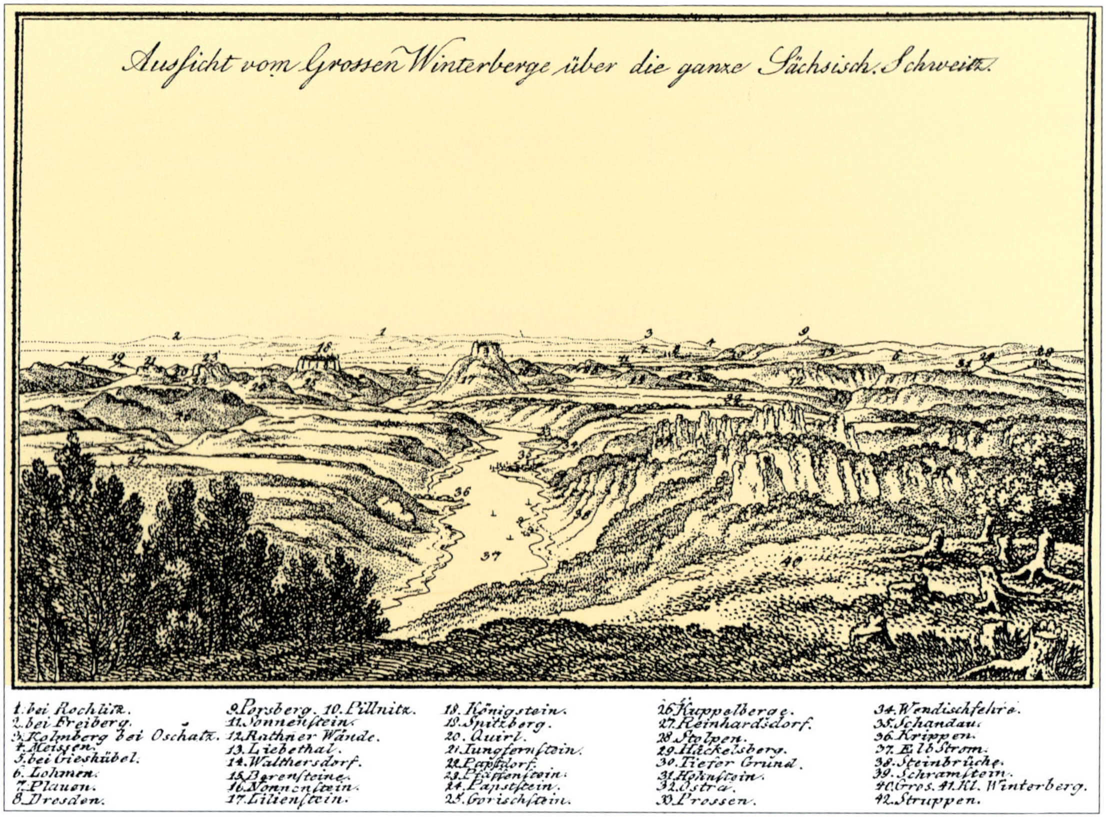

Aussicht vom Großen Winterberg

Seit 1841 steht auf dem Großen Winterberg wieder ein Gasthaus. Komfortabler als alles vorherige und ein zweistöckiger Steinbau mit 10 Fremdenzimmern in der 2. Etage. Auch der neue Aussichtsturm ist höher als das bisherige hölzerne Aussichtsgerüst. 91 Stufen führen auf eine Plattform. Das Bauwerk ist staatlich initiiert durch das sächsische Finanzministerium und es wird reichen bis zum nächsten Bau 1890. Friederich Salomon Büttner aus Schandau bekommt die Pacht und sie wird über viele Jahrzehnte in der Familie bleiben. Büttner hat sich schon in den Jahren der Provisorien um das Wohl der Reisenden auf dem Berg gekümmert und die Küche seiner Frau, *böhmische* Küche, wird gelobt. Von manchem mehr als der Berg. Einer trägt ins Fremdenbuch ein:

Nicht das Morgenlied der Lerche
Hörte ich auf diesem Berge
Nicht umstrahlt von Sonnenglanz
Zeigte sich der Berge Kranz;
Nur des Wirtes Sorg' und Müh'
Lohnte mir die Schweizpartie,
Mich erquickte nach der Reise
Nur des Wirtes Trank und Speise;
Denn die Suppe und der Braten
War'n der Köchin gut geraten.

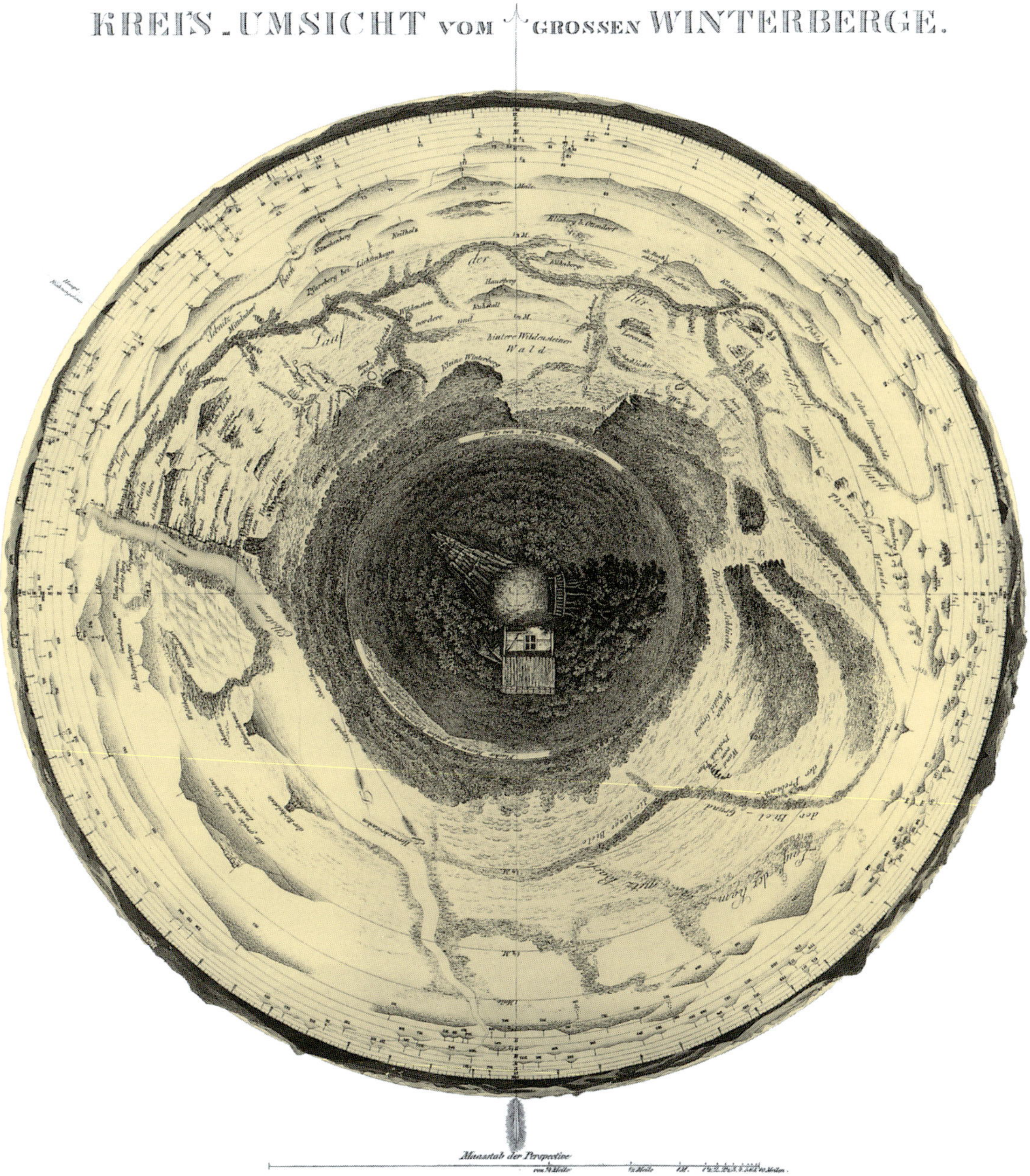

Kreisumsicht vom Großen Winterberg

Büttner hat die Auflage des Ministeriums, auch den Winter über auf dem Berg zu wohnen oder einen Wächter zu halten. Man hat seine Erfahrungen.

Der Winterberg ist ein Brandberg.

Hier hat vulkanische Magma den Sandstein durchbrochen und ist zu Basalt erstarrt. An manchen Stellen in aufstrebenden Säulen. *Dort liegen einige Basaltstücke in einer großen Weite umhergestreut. Wie sind die hierher gekommen?*, fragt der Pastor des Sandsteingebirges Nicolai. Andre mehr, und wirkliche Ausländer darunter, wundern sich ähnlich wie der biedere Mann.

Drei junge Engländer betrachten mit Böttiger die Basaltbrocken: *Sie sahen sich vergeblich nach einem Crater um.* Böttiger hätte in die südliche Richtung der prächtigen Aussicht zeigen können. Keine Krater dort, aber Vulkankegel. In der blauen böhmischen Ferne der Milleschauer. Zum Greifen nah der Rosenberg. Ein idealer Kegel, wie ihn Kinder zeichnen, wenn sie Berge malen. Böttiger antwortet vor großem Publikum als Gelehrter und Dichter. Er kennt natürlich den berühmten, von Goethe hoch geschätzten Mineralogen Werner. Er hat ihn sogar damals in Weimar treffen können. *Abend-Zeitung Nummer 164, Donnerstag 10. Juli 1817.* Die Engländer *bewiesen sich eben nicht als Schüler der Wernerian Society … man lese seine treffliche Abhandlung über das Vorkommen des Basalts auf Kuppen hoher Berge in Köhlers bergmänischen Journale im 3ten Jahrgange …*

Auf dem großen Winterberge den 21. Juni 1817

Sage mir, hoher Coloß von Felsenhörnern und Schluchten
Labyrinthisch umstarrt, badend den Fuß in dem Strom,
Welcher Gott warf über Dein Haupt basaltisch Geklüft hin?
War es Vulcan mit der Glut, war es Neptun mit der Flut?
Siehe, da rauschet am Haupt die hochaufwipfelnde Buche,
Flüsternd im Wipfel ertönt mir das vernehmliche Wort:
Eile zu Werner – noch lebt er – zum Hohen Priester des Steinreichs,
Ihm vertraut ich's allein! Er nur entscheidet den Streit!

Keine Glut aus dem Berg seit Urzeiten mehr, aber Flammen immer wieder, die größten Waldbrände des Gebirges. Alte Flurnamen im Gelände ihr Gedächtnis. Auf dem Weg zum Prebischtor geht Götzinger durch den *Brand.* Alles ist kahl, noch haben sich die Spuren des Feuers nicht verwachsen, es ist eine Gegend, die *schlechte Unterhaltung giebt, aber wilde und rohschöne Gruppen öffnet … da wird man bald auch den Anblick einer hier ganz erstarrten Natur, der der Waldbrand das erhebende Colorit der Vegetation genommen hat und sie fast ganz kahl darstellt, anziehend finden …*

Der Verfasser der »Remarquablen curieusen Briefe«, Icander, mag das Herkommen des Flurnamens erlebt haben. Den 87. schreibt Icander im Sommer 1727: *In dieser Gegend hat ohngefehr vor 3 Wochen das Feuer mehr als eine Tonne Goldes Schaden gethan, indem in dem nahanstoßenden Böhmischen Walde aus Unvorsichtigkeit der Holtzmacher durch glimmendes Faul-Holtz der Wald angezündet worden, so hernach auf 5 bis 6 Meil – Weges ins Sächsische hinüber gebrannt, so, daß es wegen damaliger großer Hitze und Dürre aller guten Anstalt und Mühe ohngeachtet, nicht hat gelöschet werden, bis solches der darauf folgende Regen gethan.*

Der August 1842 ist heiß. Wald, Moos, Heidekraut sind ausgetrocknet. Im Sommer 1842 hat es an vielen Stellen schon im Gebirge gebrannt. An diesem 31. August weht von Süden ein heftiger Wind. Mittags kommen mit ihm die Flammen vom Prebischtor. Eine Feuerwalze über den Bäumen zusammenschlagend und die Felswände hinauf und hinunter. Der böhmische Wunderfelsen liegt wie eine Insel darin. Der Wirt und die Gäste verteidigen sie. Auf dem Winterberg sammelt sich eine große Mannschaft. Die Forstbeamten, der Forstmeister, Holzfäller, Reisende, Fremdenführer, Landleute und Wirt Büttner, seit vorigem Jahr erst steht das neue Haus auf dem Berg. Sie fällen Bäume, schlagen Flammen aus, ziehen eine Feuerschneise. Zum Abend lässt das Feuer nach, zieht sich zurück in die Schluchten, treibt sein unheimliches Wesen auf der jetzt sich über *250 Acker* ausdehnenden Brandfläche. Der Himmel darüber ist rot, Rauchwolken steigen auf, der Boden weithin mit zahllosen kleinen Feuern übersät, harzige Kiefern flammen immer wieder wie Fackeln auf und Bäume brechen prasselnd nieder. Am Morgen des 1. September kommt Hilfe.

Die Menschen aus den umliegenden Dörfern sind da, erweitern die Feuergräben, legen neue an, werfen Sand auf die Flammen. Mittags entzündet sich plötzlich ein Fichtenhang. Noch mal in einiger Entfernung ein Durchhieb und Gräben gezogen. Das Feuer kommt nicht darüber hinweg. Der Berg und das Haus scheinen gerettet. Militär kommt zu Hilfe.

Am 5. September treffen 50 Soldaten aus Dresden ein, Pioniere darunter. Endlich am 9. September ein großer Regen. Mehrere Stunden lang. Eine Bilanz wird gezogen.

127 Acker Wald sind auf sächsischer, 155 auf böhmischer Seite verbrannt. Neben dem Forstpersonal sind 2250 Menschen tätig gewesen. Für ihre Entlohnung, das Essen, die Auslösung der Forstleute sind 648 Taler verausgabt worden.

Auf Karten der Gegend erinnert unterhalb des Fremdenwegs nördlich der Name *Brandschneise* an die Katastrophe. Im oberen Teil der Weberschlüchte wurde links des Weges in den Felsen eingehauen, *Andenken an den Brant 1842*. Eine Zeit lang geht der Wanderer damals über eine von Felsblöcken bedeckte Fläche in Richtung Prebischtor. Das Feuer hat sie 1842 freigelegt. Sie sieht *einem mit Grabsteinen versehenen Kirchhof nicht unähnlich,* steht noch zehn Jahre später in einem Reiseführer.

Alles, was man bisher sah, scheint wie aus dem Gedächtnis, wenn man auf dem Gipfel des Winterberges ist, hat einer der früheren Reisenden gesagt. *Denn wie aus den Wolken herab umfasst der Blick eine sehr große Landfläche ...* Und der Märchenerzähler Andersen: *Nie habe ich mir den Schein der Gebirge so deutlich vorstellen können..*

Wenn Andersen 1831 ein paar Monate später und Immermann ein paar Monate früher gereist wären, hätte es auf dem Winterberg ein Dichtertreffen geben können. So aber muss es dabei bleiben, dass sich die Dichter in der Musik der »Stummen von Portici« begegnen. Immermann klingt sie auf dem Winterberg im Saitenspiel der böhmischen Harfenistinnen entgegen, Andersen wird sie unten in Hernskretschen aus den Kehlen österreichischer Soldaten vernehmen. Man hört Auber überall in Europa. Paris, Mailand, Warschau fiebert im Takt des Operndramas des neapolitanischen Volksaufstandes von 1674. In Leipzig lässt sich die Bürgergarde die Ouvertüre vorspielen. Und geht nach Hause. Das Brüsseler Publikum stürmt am 30. August 1830 nach der Aufführung auf die Straße und beginnt einen Aufstand gegen die Herrschaft Hollands über Belgien.

Wie ein versteinertes Meer lagen die Berge vor mir, und weit an dem fernen Horizont erhob sich das Riesengebirge mit seinen schneebedeckten Gipfeln wie ein luftiges Wolkenland ... Es liegt etwas mächtig Ergreifendes darin, auf solche Weise über ein großes *Land zu schauen,* sagte der Märchendichter Andersen.

Der moderne Reisende geht auf dem Berg durch einen alles überragenden Buchenwald. Kein Blick aus den Wolken herab.

Wer es vernehmen kann, hört die Alten: Ich sehe etwas, das du nicht siehst ...

Herrnskretschen

Krinitz' Grab

Er ist gekleidet wie viele und unterwegs auf den Wegen, die viele machen. Ein junger Mann, 20 Jahre, Haar, Hose und Jacke olivgrün, Filzhut, kleiner brauner Ranzen, ein Skizzenblock und eine Schülerherbergskarte dabei. Er durchwandert die Sächsische, er durchwandert die Böhmische Schweiz. Er hat in Rosendorf im Böhmischen übernachtet. Der Tag der 1. August. 1908 das Jahr. Es ist ein heißer Sommer. Die Elbe führt Niedrigwasser. Die Frachtschiffe liegen fest. Von Rosendorf ist es kein langer Weg zum Prebischtor. Oder zum Zeughaus. Oder wohin sonst. Er kommt nirgends an: Gotthard Krinitz aus Frankenberg in Sachsen, braune Augen, braunes Haar, Sohn des Schornsteinfegermeisters, eingeschrieben an der Technischen Staatslehranstalt Chemnitz, mittelgroß, schlank. *Die besorgten Eltern vermuten, daß dem als gewissenhaft bekannten Sohne ein Unfall zugestoßen ist und bitten zweckdienliche Mitteilungen telegrafisch nach Frankenberg gelangen zu lassen.* »Grenzblatt 10. August 1908«. *Um die Weiterverbeitung dieser Notiz wird dringend gebeten.* Seit gestern steigt die Elbe und die Schiffe können wieder Ladung nehmen.

Es kommen Nachrichten. In Herrnskretschen hat am 21. August oder 22. ein junger Mann einen Gastwirt um einen kleinen Reisekredit gebeten, er erwarte im nahen Bodenbach eine Geldüberweisung. Der Wirt sagt, er habe keinen Grund gesehen, die Bitte abzulehnen. Die Gendarmeriestation Herrnskretschen besitzt ein Bild des Vermissten. Der Wirt identifiziert ihn auf dem Foto. Was geht vor? Er muss irgendwo umherirren. Vielleicht in einer geistigen Depression. Man meint, auf sächsischem Gebiet könne er kaum sein. Da gibt es neben den ständigen Polizeiposten die so genannte *fliegende Gendarmenpatrouille* und deren Aufmerksamkeit würde er nicht entgangen sein. Jetzt kommen keine Nachrichten mehr.

Manchmal verschwinden schon Menschen in dem begangenen Gebirge. Am Nachmittag des 22. Juli, 1898 das Jahr, hat Schirmfabrikant Jacoby aus Zwickau, der in Schandau zur Kur ist, ein wenig außerhalb des Ortes mit seiner Familie einen Spaziergang gemacht und ist plötzlich fort. Wohl etwas geistig gestört, sagt die Familie. Trotz heftigen Suchens findet man ihn nicht. Später hört man, Schirmfabrikant Jacoby habe sich am Lichtenhainer Wasserfall ein Reitpferd gemietet und es in Begleitung eines Führers bis zur Wirtschaft auf dem Großen Winterberg benutzt. Man hört, er habe auf dem Berg Abendbrot gegessen und der Kellner ihm gesagt, der kürzeste Weg nach Schandau sei, nach Schmilka hinabzugehen und von dort mit einem Schiff nach Schandau zu fahren. Dann nichts. Einen Tag, zwei Tage, drei. Der Wurzelweg vom Großen Winterberg nach Schmilka hinunter ist breit und bequem. Der abzweigende Reitsteig in das Felsgebiet des Großen Doms ist anfangs auch breit und bequem. Jacoby muss ihn in der Nacht gegangen sein. Er liegt seit drei Tagen unter den steilen, 60 m hohen Wänden des Großen Doms mit gebrochenem Arm, zersplittertem Bein, inneren

Verletzungen, Jacoby lebt. Heidelbeerpflückerinnen finden den Mann. Jacoby wird mit einem Leiterwagen fortgebracht. In Schandau stirbt er.

Aber keine Nachricht von Krinitz. Ein Jahr lang. In diesem August hat die Elbe wieder reichlich Wasser, doch es ist nicht viel Verkehr auf dem Strom. An der Grenzstation Schöna zählt man talwärts 165 beladene Schiffe und 65 Flöße in einer Woche. Das gilt als wenig. Eine Frau sucht Beeren in den Richterschlüchten. Vom Großen Zschand geht da ein Weg zur Grenze und zum Prebischtor. Im oberen Teil wird er steil und mühselig und führt an einem großen Felsüberhang vorbei. Wenn es feucht ist, tropft in der Richtergrotte das Wasser von der Decke. Da oben in den Schlüchten findet am 12. August 1909 die Frau am Fuße einer Felswand die von Gestrüpp überdeckten Reste eines Menschen. Der Schädel ist bis auf den Knochen bloßgelegt. Die Kleidung von Moos überwachsen. Auch das Wanderränzchen überwuchert ... In der Jackentasche steckt ein vermodertes Notizbuch. Die Uhr fehlt. Neben dem Toten liegt das Geldtäschchen. Das Schloss ist unbenutzt, die Lederklappe mit Gewalt aufgerissen. Es ist Gotthard Krinitz. Er muss an dem Felsen abgestürzt sein. Oder ist er hinabgestoßen worden? Das rechte Bein ist gebrochen. Außer den Folgen des Sturzes stellt man keine Gewalteinwirkungen an ihm fest. *Die Fundstelle war so schwer zugänglich, daß der tiefgebeugte Vater und das Forstpersonal teilweise auf allen Vieren sich auf bahnlosem Pfad durch das Gebüsch durcharbeiten mußten.* Was hat Krinitz oben an den Felsen gemacht ? Es gibt dort keinen Weg. Der nächste liegt nur wenige hundert Meter weiter südlich. Es ist der viel begangene »Fremdenweg« zwischen dem Prebischtor und dem Großen Winterberg. *Der oder die Täter, die es auf das Eigentum des Jünglings abgesehen hatten, mußten den Weg quer durch den Wald nehmen, da sie andernfalls vom »Leierfranz« gesehen worden wären,* steht im »Grenzblatt« am 18. August 1909. Der »Leierfranz« ist ein Mann aus Herrnskretschen, der auf dem Fremdenweg, wo er am Ausgang der Richterschlüchte vom Sächsischen ins Böhmische wechselt, die Drehorgel zur Unterhaltung der Touristen spielt. Den toten Krinitz nach Frankenberg zu bringen, erlauben die Umstände nicht. Man macht ihm sein Grab an Ort und Stelle. An der Felswand ein schwarzes Kreuz und ein Stückchen davon ein Stein.

Hier ruht in Gott unser unvergeßlicher lieber Sohn u. Bruder der strebsame und hoffnungsvolle Schüler v. d. Königlichen Gewerbeakademie z. Chemnitz

Gotthard Krinitz

geb. D. 13. Oktbr. 1888 in Frankenberg i. S. am 1. August 1908 an seiner Begräbnisstätte beraubt, im Unglück verschieden.
Gott mit Schmerz zurückgegeben,
was er uns zur Freude gab!

Keine Nachricht mehr. Keine Aufklärung. Die Zeit legt sich darüber. Und eine Zeit, in der anonymer Tod gewöhnlicher Alltag ist. In den ersten Jahren liegen noch regelmäßig Blumen auf dem Grab. Dann Stille. Das Grab ein topographisches Zeichen auf den Karten. Aber auf einmal, ein Halbjahrhundert später, taucht aus den Strudeln der wahnwitzigen Epoche ausgerechnet dieser Tod auf. Gerüchte laufen nach dem Kriege im Sächsischen um. Wer hat sie wann von jenseits der Grenze mitgebracht? Einer will

Adrian Zingg: Der Raubstein

vom Geständnis eines Mannes aus Herrnskretschen auf dem Sterbebett wissen, den Gottfried Krinitz getötet zu haben. Der betreffende Mann habe Krinitz in der Herrnskretschner Schenke kennen gelernt, sich ihm für seine Wandertour am nächsten Tag angeboten und ihn dann erschlagen.

Ein guter Kenner der Gegend wird befragt. Er sagt, Krinitz wäre wohl bei einbrechender Dämmerung vom Wege abgekommen und abgestürzt. Auf seine Hilferufe muss jemand, der in der Nähe war, herbeigeeilt sein, aber die Unverfrorenheit besessen haben, den Verunglückten, gleichgültig ob er noch gelebt habe oder nicht, zu berauben. Die Untat habe ein Mann aus Herrnskretschen vor seinem Tode eingestanden. Er war um diese Zeit, wie schon seit der Jahrhundertwende, als Leierkastenmann auf der Grenze tätig. Einige allerdings behaupten, er habe, von Krinitz nach dem Weg gefragt, ihn absichtlich irregeführt und sei, vielleicht auf dessen Rufe, der Unfallort ist nur wenige hundert Meter von seinem üblichen Standort entfernt, ihm hinterher, um ihn zu berauben.

Scheinbar wie ewig hat es den Leierfranz gegeben: »Meinholds Routenführer die sächsisch-Böhmische Schweiz«, 9. Auflage, 1926: *… zum Plateau des Großen Winterbergs (Tel. Schandau 205) Den Fremdenweg weiter zur Landesgrenze (Leierkastenmann) und zum Prebischtor 1. St.*

Miniatur Bibliothek, Leipzig »Die Sächsisch-Böhmische Schweiz«. 1914*: Der Große Winterberg selbst ist im Gegensatze zu den übrigen Teilen der sächs. Schweiz nicht mit Nadelholz, sondern mit Buchenwald bestanden. Auf bezeichnetem Wege durch denselben zur sächsisch-böhmischen Grenze. An dieser ein Leierkastenmann mit guter Drehorgel, der in einem Blockhause seine Sommerwohnung aufgeschlagen hat.*

Touristenführer durch die Sächsische Schweiz und die angrenzenden Gebiete. C. C. Meinhold und Söhne, Dresden 1884: *… nun links auf eine Schneise, dieser nach links folgen, sie stößt bei Stein 72 auf den Fremdenweg (am Leierkasten). Zwischen dem Stande des Leierkastenmannes und der Nr. 72 führt der Huschenweg hinab …*

Manchmal tauschen wir nur das eine Rätsel gegen ein anderes. Die Gegend da oben eignet sich.

Die Richters Schlüchte, sagte der Pastor Götzinger vor ziemlich zweihundert Jahren, welche eine starke Viertelstunde von Hiekels Schlüchte sich auf der andern Seite des Großen Zschandes hinausschlingt, darf man nicht übergehen, denn hier hat die Natur Wunder und Täuschungen verborgen, die nur noch Niemand ihren Freunden bekannt gemacht hat.

Die Heilige Stiege ▷

Wildschützen

Das Wild ist von Adam und Eva her

Sie benutzten die verschwiegenen Pfade und man kann sie dort treffen. Vor zweihundert Jahren traute man sie jeder Gegend zu. Doch sie sind auch 1880 noch keine Folklore im Gebirge.

Reiseführerautor Theodor Schäfer verlässt bei der Wegbeschreibung durch die stillen Schwarzschlüchte hinauf zum Prebischtor bald nach Eintritt in die Kluft den sachlichen Informationston. *Nach 6 Min. Lachternummer 169 (rechts am Felsen); nach 1 Min. an einen rechts abzweigenden Fußwege vorüber; nach 3 Min. Teilung, links ab zu einigen kleinen Höhlen. (Der freie Fleck vor denselben mit dem Felsblocke war am 31. Oktober 1880 nachmittags ½ 2 Uhr der Schauplatz eines Zusammentreffens, welches der Verfasser nebst einigen Freunden mit drei einen Hirsch ausweidenden Wildschützen hatte).*

Die großen Wälder im Felsengebirge sind ein Schatz, für jeden, der sie besitzt. Sie sind reich an Holz und Wild.

Hirsche und Schweine in Überzahl. Luchse reichlich. Immer wieder streifende Wölfe. Das Raubwild soll keinen Platz im Gebirge haben. Aus dem Jahre 1550 stammt eine Festlegung im Hohnsteiner Amtserbbuch: Jeder Bauer, der das Fell eines getöteten Luchses abliefert, erhält 27 Groschen und einen Scheffel Korn. Der wettinische Kurfürst August, der 1656 zu regieren begann, schießt in den Wäldern 191 Luchse. 200 Jahre später findet der Ausrottungsfeldzug sein Ende.

Im Großen Ziegengrund unter der Grenze beim Raumberg wird das letzte Tier erlegt. Es ist ein denkwürdiger Sieg. An der Abschussstelle wird ein Luchs in Lebensgröße in den Fels gehauen und eine Inschrift eingemeißelt: *Allhier habe ich Joh. Gottfr.* PUTTRICH *Königl. Förster aus Hinterhermsdorf einen Luchs mit einem selbstschuß erlegt a. o. 1743.*

Auch die Wölfe sind so rar geworden, dass das Auftauchen von Isegrim zum Ereignis wird. Die *Historie der Stadt und Bergfestung Stolpen im Markgrafthume Meißen* muss 1764 Jahrzehnte zurückblättern, um auf einen Wolf am Rande des Gebirges zu kommen: *A. 1729 den 22. Januari ward in hiesiger Nachbarschaft bei Fischbach ein Wolf gefangen.*

Im *Oberen Meißner Land* bestockt ein artenreicher Mischwald die *Hohnsteiner Heide.* Pastor Johann Michael Weisse führt 1729 in seiner »Topographia, oder historische Beschreibung des Churfürstlich Sächsischen Amts, Schlosses und Stadt Hohenstein« auch in den Wald.

Wir müssen auch von den Wäldern und Gehöltzen dieses Amtes etwas sagen, welches einem District nicht nur grossen Nutzen bringet, sondern auch eine gute Zierde gibt. Wir heben von den eussersten Gräntzen des Böhmer-Waldes an, davon eine grosse und starcke Revier um den Winter-Berg zum Amt Hohenstein gehöret. Ein Revier von schönsten Holtze an Buchen, Tannen, Fichten, Orlen und Äschen, so der darüber bestellte Förster in 14 Tagen, als man sagt, kaum umreiten kann; daraus alle Jahre eine große Quantitaet Holtz geschlagen und durch eine wohl angerichtete und mit kostbaren Schleussen versehene Flösse auf der Kirnitzsch – Bach durch einen besonders darzu bestallten Floß-Meister, so zu Hinterhermsdorff wohnet, als Floß-Schreibern, besorget, nach Dresden auf der Elbe abgeführet wird.

Die Waldnutzung ist seit dem 16. Jahrhundert gründlich geregelt und hat ihr Personal. Das »Amts-Erb-Buch« des Amtes Hohenstein nennt 1547 Matthes Müller als Oberförster *zu Hohenstein* und Hans Holfeld als Förster *zu Hinterhermsdorf.* Ein zeitgenössisches Regulativ für das *Stedeleynn Honsteynn* ordnet mit vielem anderen auch den Umgang mit dem Wald. *In Ihrem gemeinen Holze, soll niemandieß hauben, dann mit vorwissen des Forsters, Richters vnd Schoppen … So aber einer mit Laub zum baw, holzs gefelleth, vnd Mutwilliglich, nach erkenntnis des Forsters, Richter vnd Schoppen lesset verterben, der sol das Holzs der gemeine die helffte bezahlen …* Die *Forstordnung auf denen Hohnstein und den Lohmischen Höltzern* von 1547 legt penibel die Preise der einzelnen Holzarten und Holzprodukte – Bretter, Schindeln, Fassholz, Brennholz – fest. *Was Wyndtbruch vnd after schlege seynnt, das muß auf besichtigung und Wyrderung der Forstknechte verkaufft werden.* Doch nicht genug damit, sie schlüsselt die Entgelte auf die einzelnen Forstorte auf und ihre Benennungen lassen in fünfhundert Jahre Namensgeschichte von sächsisch-schweizerischen Orten, Gründen, Bergen, Tälern blicken.

Die Forstordnung regelt den Holzkauf. *In der Smilken vnd jn denen Gruben vnd Sandaw, obrige Falkenstein, Schramstein … Auffm großen Winterberge … Im Nassen gruntt, Hausbergk, Estichten Wildensteiner waldt vnderm klein wynterberge. Im Diterichs grunde … dem Bloßen Stock … Im Teuffels loche, Roten kele Grunde … Im die grossen Zschanne, vndern Eichberge, Winter steyne, Rabensteiner Waldt, In der Quene, In der kleinen Zschanne …* Es ist die Zeit, in der das Gebirge zum idealen Revier der fürstlichen Jagdbegierden wird.

1609 lässt Kurfürst Christian II. die Schlucht auf der Ostseite der Hohnsteiner Burg durch Sperrmauern abriegeln, um dahinter Bären für die Tierhetzen in Dresden zu halten. Immer wieder brechen sie aus. Erst 1756, im ersten Jahr des Siebenjährigen Krieges, bekommen sie die Kugel. Diese Plage hatte ein Ende, die Wildplage hielt an.

Für die Jagden war das Revier übervoll an Hirschen und Schweinen. Den fürstlichen Förstern war es recht. Je kapitaler der Wildauftrieb, desto besser ihre Stellung. Die Last trugen die Bauern mit verwüsteten Feldern und Fluren und wenn die Ernte schlecht ausfiel, mit Hunger und Schulden. 1789 erschütterte eine Revolution in Frankreich alle überkommenen Verhältnisse. Die Bauern des Gebirges erschütterten im Frühjahr 1790 die Jagdverhältnisse.

An den Pfingsttagen im Mai bewaffneten sich die Wehlener mit allem, was Lärm machen konnte, Dreschflegeln, Flinten, Hörnern, Pistolen, Kesseln und zogen mit ihren Hunden auf die Dorfflur, um das Wild in den Wald zu verjagen. Ihrem Feldzug folgten

sofort die Bauern von Uttewalde und 16 anderen Dörfern. Darauf standen hohe Strafen. Es war ein Aufstand. Die Berichte der fürstlichen Förster erreichten Dresden Anfang Juni.

Der Kurfürst befahl im Jahre 1 nach der Französischen Revolution die Einsetzung einer Kommission zur Untersuchung der Sachlage. Sie begab sich in einige der unruhigsten Dörfer und kam zu achtbaren Ergebnissen. ... *Die dasigen Fluren mit Zuziehung der Forstbedienten besichtigt, u. gefunden, daß überhaupt die mehrsten, besonders aber die den Waldungen zunächst gelegenen Felder von dem Wild dergestalt durchwühlet u. die darauf gestandenen Früchte theils abgefressen, theils niedergetreten und herausgerissen waren, so daß an vielen Orten wenige Spuren einer vormaligen Bestellung übrig geblieben ... daß aber auch kein anderes Mittel übrig ist, sowohl für jetzo die innere Ruhe herzustellen u. zu erhalten als auch für die Zukunft ähnlichen Vergehungen in diesen u. anderen, dem Wild-Schaden unterworfenen Gegenden des Meißnischen Creises vorzubeugen und zugleich dem Nahrungs-Stand aufzuhelfen, als wenn Höchstdieselben geruhen wollten, zu schleuniger u. beträchtlicher Verminderung des Wildes gemessene Befehle zu erteilen ...*

Dresden zeigte sich gespalten, wie mit dem Votum umgegangen werden sollte. Wie immer gab es für die Macht zwei Wege, sich zu erhalten. Durch geschmeidiges Nachgeben oder hartes Durchgreifen. Es geschah vorerst das Dritte, so gut wie nichts.

Mitte Juni erließ Kurfürst Friedrich August auf seinem Lustschloss Pillnitz eine Verfügung an seinen Oberhofjägermeister von Schirnding: *Wir befinden Uns aus landesväterlicher Fürsorge für den Wohlbestand unserer Unterthanen in Gnaden bewogen, die euch wegen der Abschießung des Wildprets bereits erteilte Anordnung dahin zu wiederholen, daß, wo es die Nothdurft erfordert, das vorhandene Wildpret in dem zur Abwehr der Wildschäden hinlänglichen Maße, vorzüglich aber in solchen Gegenden, wo es die Unterthanen um die Abwendung der ihnen drohenden Gefahr geziemend gebeten haben, abgeschossen werde ...* Die Förster im Gebirge taten das Mögliche, ihr Wild nicht zu behelligen. Landforstmeister von Oppel verlautete: *Auch ist es eine wahre Unmöglichkeit, das Wildpret in 8, 14 und mehr Tagen auf hiesigen weitläufigen und äußerst beschwerlichen Gegenden nach dem Verlangen der aufgebrachten, unvernünftigen Unterthanen sämmtlich todtzuschießen, es mag auch dieses vermöge gnädiger Befehle und hoher Anordnungen noch so ernstlich anbefohlen werden.* Die Bauern taten das Mögliche, sich selber zu helfen.

Sie zogen laut durch die Wälder, das Wild zu verschrecken. Sie veranstalteten Scheibenschießen in den Dörfern. In Dresden wurde plötzlich so viel Pulver verkauft, das die Behörden den Mengenverkauf an Bauern verbot. Sie gingen mit ihren Hunden in die Flur. Sie hatten Flugblätter. Und Gedichte zur Jagd. Vielleicht selbst geschrieben, vielleicht als neue Auftraggeber schreiben lassen. Warum sollen nur Fürsten Dichtungen bestellen können? Ein Jagdvolontär macht einen Spitzelbericht und überliefert ein Gedicht der Bauern.

Am 11. Juli 1790 sitzt der Konfident in der Dorfschenke von Lonnewitz bei Mügeln.

◁ *Die Wolfsschlucht*

Am Nebentisch ein Fuhrmann aus Stolpen mit acht oder neun Bauern. Die Worte des Fuhrmanns im Bericht: *Das Wild wäre von Adam und Eva her allen Menschen zum Nutzen, die Fürsten und Grafen hätten die Jagd nur nach und nach an sich gezogen.*

Die Worte der Bauern beim Anblick des Jagdvolontärs und des Gedichtes zum Fuhrmann aus Stolpen: *Lesets doch diesem vor, der ist ein Jäger und verteidigt die Sache so.*

Das Gedicht:

Ihr Bauern hier im Sachsenland
Erlegt das Wild mit eigner Hand,
Ihr tödet Hirsche, Reh und Schweine,
Ein jeder spricht: die Jagd ist meine.
Ihr waget Leben, Guth und Blut.
Woher nehmet Ihr doch solchen Muth?
Ihr sagt, man hört nicht unsre Klagen,
Wenn wir es gleich dem Fürsten sagen,
Das Wild verwüstet Feld und Saat,
Wenn wir gleich wachen früh und spat.
Viel Steuern haben wir zu geben,
Kind und Gesinde wollen leben,
Drum machen wir uns selber Jagd,
Es wird niemand darum gefragt.

Gott, der des Menschen Würde kennt,
Bey Adam dort uns alle nennt:
»Herrscht über Vieh in Feld und Wald!
Ich schufs zu euerm̄ Unterhalt,
Ihr möget die Tiere schlachten und essen
Nur sollt ihr meiner nicht vergessen!«
Hier liest man nicht von Sklaverey
Gott schuf den Menschen völlig Frey.
Freyheit ist ihm von Gott gegeben,
Darüber läßt er Leib und Leben,
Wir schreiben uns von Adam her,
Wer ist, der nicht von Adam wär?
Kommt her, ihr stolzen Edelleute!
Wir haben Gottes Wort zur Seite.

Eine Sächsisch-Deutsche Revolution von 1790 ist nicht bekannt geworden. In Dresden setzte sich die geschmeidige Linie durch. *Bewandten Umständen nach und aus vorwaltender Milde finden wir uns in Gnaden bewogen zu genehmigen, daß die fernere Untersuchung wider die an den zeitherigen Exzessen Anteil gehabten Gemeinden ausgesetzt werde,* stand in der Pillnitzer Verfügung. Der Fortschritt ist eine Schnecke, sagt der Dichter. Kurfürst August hatte damals sich lediglich einmal zu der Gnade verstanden, zwei, vermeintlichen, Wildschützen die Augen ausstechen zu lassen, anstatt sie zu henken. Nachfahr Kurfürst Friedrich August gewährte 1790 die Vergünstigung, *auch in den Gegenden, wo wir Uns selbst mit der Jagd zu belustigen gedenken, das Wildpret nicht zu schonen.* Die letzten Wettiner auf dem sächsischen Königsthron beschenkten ihre Untertanen bei der Jagd mit launigen Worten.

Schon stand die Zeit vor der Tür, wo Geld zur Hauptmünze der Regelung von Besitz und Besitzständen werden sollte. Die Pillnitzer Verfügung übte sich noch einmal in der Beschreibung von Privilegien. Erlaubt sollte sein, *das Abscheuchen des Wildes von Feldern, Wiesen und Gärten. Auch beim Hüten der Gebrauch kleiner Hunde, die nicht Jagdhunde sind …* Verboten sollte sein, *die Benutzung von Gewehren beim Hüten, das Jagen und Treiben des Wildes in den Gehölzen …* Im März 1832 kam ein Gesetz aus Dresden, das die feudalen Regelungen transformierte. Bisher als Lehn überlassenes Land muss nach die-

Der Amselfall

sem so genannten »Ablösungsgesetz« als Eigentum erworben werden. Besitztitel der Dörfler und Häusler gegen Geld getauscht. Der Staat kauft die bisherigen Waldgerechtsame der Leute auf und der Landesherr ist nun ihr alleiniger Besitzer. Das neue Zugriffsrecht heißt Geld, und wer Geld hat, kann mehr Geld damit machen. Am Rande profitieren auch einige Kapitallose an den Kapitalgeschäften. In Hinterhersmdorf sind zwei Drittel der Bauern und Häusler ablösungsberechtigt, ein Drittel geht leer aus. Viele im oberen Drittel sind nicht besser dran als das untere Drittel. Sie brauchen dringend Geld. Die Ablösesumme wird auf sich warten lassen, der Spekulant zahlt sofort. Natürlich weniger als die Ablösesumme. Die unten in der Hierarchie trifft die Aufhebung der Waldgerechtsame hart. Nun darf nicht nur kein Bauholz mehr aus dem Wald geholt werden, selbst Feuerholz zu lesen ist verboten. Die Jäger greifen mit aller Härte durch.

Leseholz ist eigentlich eine forstliche Lappalie, aber für eine Häuslerfamilie, die kein Holz für den Herd und den Ofen kaufen kann, ein Stück Schicksal. Carl Gottlieb Diettrich aus Hinterhermsdorf wird das auf eine besondere Weise erfahren. Geboren wird er im November 1825. Der Vater ist Waldarbeiter, die Mutter, wenn sie etwas außer dem Haus zu tun hat, *Leichenfrau.* Man ruft ihn *Jahns,* weil er Großvater Johanns Enkel ist. Kinder sind schon da und Kinder werden bei den Diettrichs noch kommen. Dieses Kind hier wird 1849 als ein junger Mann gegen das Gesetz verstoßen. Jahns liest

Feuerholz im Wald. Er wird erwischt und angezeigt. Verhaften wird Jahns sich nicht lassen. Er flieht in den Wald. Sein Bruder Carl August hat vor Jahren schon eine tragische Freiheit gewählt. Der Zwölfjährige hat sich 1840 umgebracht. Carl Gottlieb schießt Wild, wird es verkaufen oder tauschen, liefert sich Scharmützel mit der Obrigkeit, nutzt die Grenze, sich zu entziehen, schmuggelt, arbeitet im Böhmischen, hat in seinem Heimatdorf immer wieder Zuflucht, wird Gegenstand von Legenden. Beinahe alle Taten im Revier bekommen seinen Namen. Selbst Flurnamen stiftet er. Eines seiner Verstecke bleibt auf den Karten als *Jahnsloch* zurück. Carl Gottlieb Diettrich wird zum großen Wildschütz des Gebirges an der böhmischen Grenze. Nach mehr als einem Dutzend Jahren wird er für kurze Zeit verhaftet. Das Ende kommt im Frühjahr 1868. Es ist eine Festnahme ohne Anruf, aber mit einem brutalen Kolbenschlag über den Kopf. Jahns wird zu sechs Jahren und neun Monaten Gefängnis verurteilt. Nach fünf Jahren kommt er frei und geht zurück in sein Dorf. Ein stiller alter Mann in den besten Jahren. Carl Gottlieb Diettrich stirbt im Januar 1875 neunundvierzigjährig.

Nicht alle auf der verbotenen Jagd waren edle Wildschützen. Gewöhnliche Wilddiebe haben ihren Anteil. Die einen aber wie die anderen waren nüchterne Leute. Sie schossen des Fleisches wegen, für ein paar Groschen oder Taler, für Speis und Trank, damit das Wild ihre Felder nicht verwüste. Das Mysterium des Tötens war ihre Sache nicht. Dennoch wurden sie zu seinen romantischen Figuren. Friedrich Kind dichtet Weber für den »Freischütz« den Jägerburschen Max, der für ein Stück Todesmacht sich mit dem Bösen verbündet. Die *Wolfschlucht* ist der dunkle Ort des Paktes. Kind hat ein Vorbild. Er war am Amselloch, wo das über den Fels herabstürzende Wasser eine Höhle hinter seinem Vorhang verbirgt. Der schwarze Jäger Samiel lässt Max in der Wolfsschlucht unter Donner und Blitz sieben Freikugeln gießen. Die wirklich wahnsinnigen Jäger waren unter den Oberen zu Hause.

In dem einen Jahr 1565 schoss Kurfürst August 104 Hirsche. Sachsens König von 1873 bis 1902, Albert, brachte es auf 1906 Tiere als Gesamtstrecke seines Lebens. Die Schießereien inspirierten untertänige Berichte vom Schlachtfeld und triviale Foklore, in denen das Volk den dummen August macht. Romantische Legenden wollten sich um die Schussorgien der Fürsten nicht weben. Nur alberne Anekdoten.

König Albert ist mit Bruder Georg am Kleinen Winterberg zur Hofjagd. Das Wild wird ihnen aus den Hirschleckenschlüchten zugetrieben. Albert hat den besten Stand. Georg den besseren Schuss. Georg spürt einem waidwunden Tier nach. Albert spürt Georg nach.
Albert befragt einen Treiber: »Haben Sie die Königliche Hoheit nicht gesehen?«
Der Mann: »Ja der ist hier 'numm gemacht.«
Albert im Leuteton: »Ist Er besoffen!«
Der Treiber normal: »Davun ha'ch nicht gemerkt.«
Der Anekdotist klatscht sich über das Stück Demokratie auf die Schenkel.

Im September 1882 meldet das Publikationsorgan des Gebirgsvereins im Ordonnanzstil: *Montag den 24. Juli Abends in der sechsten Stunde langte S. Majestät König Albert per*

Eisenbahn in Schmilka in Begleitung Seines Adjutanten von Malortie an und begab sich unter Führung des Herrn Oberforstmeister Blohmer und des Königlichen Revierförsters Nitzsche von Postelwitz nach dem großen Winterberg, wo das Nachtquartier genommen wurde. Ein heftiges Gewitter und wolkenbruchartige Regengüsse traten in der neunten Stunde auf dem Winterberge auf. Am 25. und 26. Juli fand Jagd auf dem Postelwitzer und Mittelndorfer Revier statt, an welcher sich am 26. der, am Abend zuvor in Schandau angekommene, Prinz Friedrich August beteiligte. Drei Hirsche waren die Jagdbeute, von denen zwei König Albert erlegt hatte. Der König nahm am 25. und 26. sein Nachtquartier in Schandau in Sendigs Villa Quisisana. Am 27. wurde von Ihren Majestäten und Ihrem Hohen Gaste, der Prinzessin Friedrich von Hohenzollern, sowie den Kindern Sr. Königlichen Hoheit des Prinzen Georg, ein Ausflug in die Schrammsteine gemacht. Hinterher speisten die Hohen Herrschaften im Jagdsalon der Villa Quisisana und kehrten danach mit Extrazug bis Pirna und von da mit Equipage nach Pillnitz und Hosterwitz zurück.

Auf dem Fremdenweg

Die letzte Weglänge

Sie ist kurz. Der Fremde geht vom Großen Winterberg zum Prebischtor in diesem 19. Jahrhundert eine Stunde. Die letzte Wegstrecke wird er nicht auslassen, ... *der Wille der meisten Reisenden ist wohl dieser, vom Winterberge aus das Prebischtor zu besuchen,* sagt Götzinger.

Der Pastor kann für sich in Anspruch nehmen, als Erster den Reisenden das Prebischtor bekannt gemacht zu haben. Natürlich hat er es auch in Person besucht. Mit Amtsbruder Nicolai und dem Prebischtor ist die Sache dagegen ein wenig merkwürdig. Er redet seit der zweiten Auflage seines Wegweisers, 1806, vom Prebischtor in starken Tönen, nur, dass er einen falschen Weg weist, wo er sich doch sonst in der hinteren Sächsischen Schweiz auskennt. *Ersteige die Höhe der Thorwalder Wände, wenn Du diesen furchtbar großen Felsenpark übersehen willst. Dann suche jene tiefe und weite Höhle in Hieckels Schlüchten, 3/4 St. vom Zeughause, auf ... Ebenso merkwürdig ist die Höhle, welche man gleich vom Winterberge aus besuchen kann, wenn man vom Roßsteige rechts über den Schlüssel und Maazen Seidel nach dem Jordan geht.* Eigentlich führt der Rosssteig vom Winterberg in die entgegengesetzte Richtung zum Zeughaus ... Überließ sich der Pastor in seinem 67. Jahr als Reisebuchautor dem Hörensagen?

Aber nun auf den Götzingerschen Weg. Hinunter vom Winterberg bis zu der Stelle, wo die Richterschlüchte an den Fremdenweg stoßen und dann hinüber ins Böhmische. Später ein Blick auf den Rosenberg, in die Tiefe des Prebischgrundes und schließlich hinab in Windungen zum Prebischtor. Der Reisende hat unterwegs eine Grenze passiert. Noch ist das kein Problem. Die Zeit hat Zollgrenzen, Kataster, Wildzäune, Staatsgrenzen, Seuchengrenzen. Unversöhnliche nationale Linien zu ziehen, ist sie noch nicht dabei. Aber das 19. Jahrhundert nimmt seinen Lauf.

Jetzt gibt es eine schwimmende Zollstation unten auf der Elbe zwischen Herrnskretschen und Schmilka mit manchmal peniblen Visitationen. Der Getreide- und Salzhandel geht über den Fluss. Auf den aus Böhmen kommenden Straßen werden die Fuhrleute kontrolliert. Der Fürst Clary und der Graf Thurn haben mit meilenlangen Wildzäunen längs der Grenze ihre böhmischen Jagdreviere gegen das Sächsische abgesperrt. Patrouillen fangen Pascher ab. 1910 belehrt ein Artikel im sächsisch-schweizerischen Gebirgsvereinsorgan über »Nationale Pflichten reichsdeutscher Touristen in Böhmen«.

Von den vielen Tausenden reichsdeutscher Touristen, die alljährlich das schöne Böhmerland besuchen, hat leider nur ein kleiner Bruchteil eine über das rein touristische Interesse hinausgehende Kenntnis von den erbitterten nationalen Kämpfen ... Wenn wir im Reiche oft nicht allzu hoch denken über die völkische Kraft und den Wert des österreichi-

schen Deutschtums, so ist dieses Urteil begreiflich angesichts der uns durch die Zeitungen sattsam bekannten Jämmerlichkeit des parlamentarischen Lebens ... Anstatt die Abende mit den Reisegefährten durch einen Dauerskat zu verkürzen, wird man namentlich an Orten mit gemischtsprachiger Bevölkerung Gelegenheit nehmen, mit den Einheimischen über die nationalen Verhältnisse des Ortes ein Gespräch anzuknüpfen ... sollten möglichst viele reichsdeutsche Touristen ihre Wanderung so einrichten, daß sie entweder mehrere Tage hintereinander an der Sprachgrenze entlang wandern oder wenigstens vorübergehend einen Abstecher auf nationalen Kampfboden machen.

Rat Böttiger läuft unbefangen vom Winterberg zum Prebischtor. Vielleicht etwas kurzatmig und nicht mehr so frisch wie vor Tagen an der Bastei. Der Dichter Tieck hat Böttiger *Meister Ubique*, Meister Überall, genannt. Sollten mehr Dichter nur so tapfer wie der Rat über den Fremdenweg gehen, er tut unverdrossen sein Möglichstes. Auch als Dichter. Das kürzeste Gedicht auf der Reise bekommt das Prebischtor. Die Atemnot.

Am Prebischthore den 21. Juni 1817

Viel verschlossene Thore und viel der geöffneten triffst Du,
Pilger der irdischen Fahrt, hindernd und fördernd am Wege.
Möge sich jedes Dir so, wie dieses Felsenthor, aufthun!
Über dem gähnenden Schlund öffnet der Himmel sein Thor.
Und die Natur umfaßt Dich mit tausendarmiger Liebe.
Liebe! Du öffnetest das Thor, welches zum Himmel uns führt.

Die Grenze da oben ist alt, und dass sie in Bewegung war, liegt lange zurück. Weiter voran ins Böhmische sind die Markgrafen von Meißen nicht gekommen als bis hier. Markgraf Wilhelm I. hat sich 1405/06 das böhmische Pfand, das Städtlein Pirna, gekauft. 1408 den Königstein und das Land ringsum in seine Hand gebracht. Auf der linken Seite der Elbe ist er gut vorangekommen mit seiner Mark Meißen. Aber die andere Seite des Flusses. Die unwegsame. Die macht Mühe. Da sitzen zähe Herren auf richtigen Burgen und in Raubritterburgen. Winterstein. Frienstein. Arnstein. Falkenstein. Das mächtigste Geschlecht ist die weitverzeigte Familie der Berken von Duba. Ihre Herrschaft reicht auf der unwegsamen Elbseite von Hohnstein bis Leitmeritz, wo sie in Duba ihren Stammsitz haben. Seit über hundert Jahren prügeln sich die Berken mit allen und jedem. Mit ihren Nachbarn, dem Lausitzer Sechsstädtebund, ihrem Lehnsherren, dem böhmischen König. Keiner zu klein, ihr Opfer zu sein. Sie fallen in Dörfer ein, stehlen Vieh, berauben die Kaufleute auf den Straßen um Hohnstein, erpressen Lösegeld. Es herrscht Dauerfehde. Die Markgrafen von Meißen, seit 1423 Herzöge zu Sachsen und Kurfürsten, machen das Klügste, was man mit solchen Leuten tun kann. Sie kaufen und tauschen sie sich vom Halse. Sie kaufen und tauschen sich immer weiter nach Böhmen hinein. Sie sind ziemlich modern.

Schandau

Sie bekommen 1443 Hohnstein mit Lohmen und Wehlen von den Berken. Sie besitzen seit 1451 die Herrschaft Wildenstein. Wie weit die reicht, darüber gibt es Streit mit den Herren von Wartenberg auf Tetschen. 1492 schaffen es die Parteien, sich zu vergleichen und die Grenze anzunehmen, über die gerade jetzt, 21. Juni 1817, der Rat Böttiger aus Dresden zum Prebischtor läuft. Einmal schon, 1459, hatten sie eine Scheidelinie vereinbart. Unten von Elbe an *dem dip steige,* dem Diebsteig, dann den Roßsteig hoch *biß vff die steinwandth* zwischen Weberschlüchte und Prebischtor. Und sie hatten auch schon Kreuzzeichen zur Markierung der Grenze in den Fels geschlagen. Vier sollen noch erkennbar sein. Bei den Grenzsteinen 9/22 und 9/19.

Das Prebischtor ist ein Felsen wie kein anderer im Gebirge. Über zwei hohe Seitenpfeiler spannt sich frei eine 15 Meter lange Felsbrücke. Hatte jemand Ähnliches gesehen vor zweihundert Jahren? Nicht allzufern von der sächsischen Residenz und beinahe von jedem zu erreichen? Kein Reisender ist in seinem Empfinden zugebildet mit Weltreisen. Pastor Götzingers Reisebeschreibung feiert das Prebischtor in den höchsten Tönen.

Und – wo hat je ein solches Thor gestanden – gestanden vor einer so ungeheuren Tiefe, an einer ihm so gefährlichen Ecke? ... Wer das Ganze auf einer so bedenklichen Stelle, wo Alles zerrissen zu seyn scheint, doch so unerschütterlich fest gebaut, daß die fürchterlichen

Am Prebischtor

Revolutionen von Jahrtausenden, welche ihre verheerenden Spuren hier überall zurückgelassen, es nicht aus seinen Fugen bringen und in den Abgrund stürzen können? … Trotzend dem Strome der Zeit und der Gewalt der Machthaber beschämt es euch Alle, ihr großscheinenden Erbauer von Prachtwerken …

Böttiger trifft es in seinem Besuchsjahr 1817 bequemer, als es in jedem Jahr zuvor am Tor war. Landleute *aus der jetzt mannigfach darbenden Umgebung* haben die Stiegen am Tor mit Stufen und Geländern sicherer gemacht. Sie unterhalten ein Küchenfeuer für den von *der zehrenden Gebirgsluft hungrig gewordenen Wanderer.* Sie bieten gekochte Eier, Brot und Bier an. Gesorgt werden soll auch diesen Sommer für das Ingredienz einer romantischen Reise durch ein *Sommerhaus zur Aufnahme solcher Reisender, die auch einen Sonnen-Aufgang oder Untergang hier abzuwarten gelüsten könnte.* Die Götzingersche Empfehlung des Felsentors übertrifft Böttiger für die Leser der *Abend – Zeitung* mit einem Muss. *Niemand darf die kleine, durch lachende Mannigfaltigkeit von Felsenmassen und lustig-beschatteten Waldwegen erheiterte Mühe scheuen, um vom Winterberg aus auch noch die wundervolle Wölbung auf einem engen Flaschenhals, das Prebischthor, in dem angrenzenden Böhmischen Gebiete zu besuchen.*

1834 wird am Prebischtor ein festes Gebäude mit Speisesaal und Veranda gebaut,

1837 ein Haus mit Zimmern und Betten. Nicht die Landleute haben dafür gesorgt. Bauherr ist einer der größten böhmischen Grundbesitzer, der Fürst Clari von Altringen.

Nun dem Ende der Reise zu. Hinunter nach Herniskretschen, Hirnischkretzschen, Herrnskretschen, dem schwankenden Wort für seine eine Bedeutung: Grenzwirtshaus. Die Häuser des Dorfes liegen in einem engen Talgrund, den ein Bach durchfließt. Nach einer kurzen Strecke mündet er in die Elbe. Der Ausgang des Tales lässt wie durch einen Rahmen auf den Fluss schauen. Andersen folgt ihm nach seiner Reise auf dem Fremdenweg, als er in Hernskretschen ankommt, noch ein Stück. *Wir gingen längs der Elbe, wo wir auf österreichische Grenzsoldaten stießen, sie sangen eine Melodie aus der »Stummen von Portici«, und die bekannten Töne bewirkten, daß ich mich der Heimat näher träumte, als ich es in Wirklichkeit war. Drei böhmische Ruderer erwarteten uns in einer Gondel, die uns wieder nach Sachsen zurückführen sollte. Der Wind schwellte die Segel …*

Böttiger ist auch mit einem Schiffchen zurück nach Schandau. Wie es Brauch war für die Gutgestellten. Noch einmal kommt der Reisende an den Schrammsteinen vorbei, die der *Fremde* damals von ihrem Fuß aus betrachtet. Die Fahrt auf dem Fluss ist ein kostspieliges Vergnügen. Nicht unter 2 Taler kostet ein Kahn. Stromaufwärts, nach Tetschen, ist die Sache teurer noch. Das Boot muss auf dem Treidelpfad gegen die Strömung der Elbe von kräftigen Männern gezogen werden. Böttiger wird nicht unterlassen haben, in Dresden von seiner mirakulösen Reise zu erzählen. In Dresden ist er der erste Mann im *Liederkreis.* In Weimar war gegen diesen Goethe nicht aufzukommen. Böttiger ist mit sich zufrieden. Irgendwann im Leben ist es schon schön, wenn man überhaupt eine Rolle spielt.

Der Mensch und seine Erde

Reiseführerautor Carl Julius Hofmann wundert sich 1842, was aus der Sächsischen Schweiz geworden ist. Jeden Sommer sind in den letzten Jahren fünfzehn- bis achtzehntausend Reisende gekommen. Ein einziger Sommertag sieht heute mehr Besucher.

So ist denn die sächsische Schweiz gleichsam ein Wallfahrtsgau für Freunde der Natur geworden, welche aus dem Vaterlande nicht nur, sondern fast aus allen Ländern, ja, nicht selten auch aus anderen Erdtheilen in ganzen Karavanen hierher pilgern, um die schöne und berühmte Sachsenschweiz zu sehen.

Hofmann hat eine neuartige Überlegung zur Reiselust, ... *welche Summen fließen daher diesen Gegenden zu!*

Der Besuch der Sächsischen Schweiz hatte als vornehmes Vergnügen begonnen. Um in die Felsengegend zu kommen, brauchte man von Dresden oder Pirna Pferd und Wagen und zweckmäßigerweise hielt man sich ein Gespann für die ganze Zeit der Tour. Gelegentlich sah man auch in den frühen Reisezeiten schlichte Fußwanderer unter den *Fremden*. Die Fahrmöglichkeiten hielten vom Gebirge fern. Die Fahrmöglichkeiten werden das Gebirge populär machen.

1813 ging täglich eine Postkutsche von Dresden nach Pirna und von Mitte Mai bis September am Wochenende, montags und mittwochs ein *Eilwagen* über Pirna, Königstein nach Schandau. Die eine Postkutsche bot um ein Dutzend Leuten Platz.

Die breiteste Straße in das Gebirge war der Fluss. Die »Albina«, das »Taschenbuch für Wanderer in der Sächsischen Schweiz«, unterrichtete ihre Leser: *Zu einer Elbfahrt stehen in Dresden, Pirna, Wehlen, Schandau und aufwärts bis Aussig Gondeln bereit. Im Sommer geht bei günstigem Winde an jedem Sonntage nachmittags von Rathen einem bedeckter Kahn nach Dresden ab. Außerdem kann man auf Marktschiffen, die wöchentlich von Pirna und Schandau nach Dresden fahren, einen bequemen Platz finden.*

Der von der Post besorgte Verkehr sollte nur langsam wachsen. 1822 gab es jeden Tag eine Verbindung von Dresden nach Schandau.

Die Revolutionierung des Verkehrs begann auf dem Fluss. 1838 fuhr auf der Elbe das erste Dampfboot. Es öffnete ungleich mehr Menschen den Zugang in das Gebirge. Am 14. Juni 1838 legte die *Königin Maria* von Dresden kommend in Herrnskretschen an. Böller krachten. Die Musik spielt. Die Menge bestaunte den hölzernen Schaufelraddampfer mit der Krone am Bug. 1846 ging regelmäßig ein Dampfschiff in der Saison 6 Uhr früh in Dresden ab und kehrte am Nachmittag um 5 von Schandau zurück. Auch für eine Fernverbindung wurde der Fluss genutzt. Wöchentlich drei Mal fuhren im Sommer Schiffe bis vor die Tore von Prag. Der Sommerfahrplan 1852 der *Sächsisch-Böhmischen Dampfschiffahrts-Gesellschaft* bot täglich zwei Verbindungen zwischen Dresden und Leitmeritz.

Eisenbahn bei Königstein

Dresden 6 Uhr früh ab, Königstein an 9 Uhr, Schandau 10 Uhr, Herrnskretschen 11 Uhr, Ankunft Leitmeritz nach zwölf Stunden gegen 6 Uhr nachmittags. Die zweite Abfahrt von Dresden um 9 Uhr.

Die Passagiere konnten zwischen zwei Klassen wählen. In der 1. Klasse das Billett Dresden–Schandau 15 Neugroschen, 10 Ngr. in der 2. Klasse. Außerdem die billigeren Doppelbilletts für Hin- und Rückfahrt mit dem Vorteil, die Rückreise beliebig während der ganzen Saison antreten zu können. Kinder unter zwei Jahren waren frei. Bis zu zehn Jahre galt ein halbes Billet. Die *Sächsisch-Böhmische Dampfschiffahrt* machte ihre Gäste darauf aufmerksam: *Um den Reisenden Gelegenheit zu bieten, den schönsten Theil des Elbthales vom Dampfschiff aus zu genießen, ist die Einrichtung getroffen, daß man mit den angegebenen Fahrten früh 6 und 9 Uhr von Dresden noch an demselben Tage nach Prag, Wien, Teplitz und Carlsbad weiter reisen kann; so wie die von daher Kommenden täglich Vormittags 10 ¼ und Nachmittags 2 ¼ Uhr in Außig ein Dampfschiff zur sofortigen Abfahrt nach Dresden bereit finden, wo es Nachmittags 4 und Abends 8 Uhr eintrifft.*

Die Paßrevision und die Untersuchung des Gepäcks behufs der Verzollung steuerbarer Artikel erfolgt für Dampfschiffe österreichischerseits bei dem k. k. Hauptzoll – und Gefällamt Niedergrund, sowohl in Beziehung auf die Fahrt stromaufwärts als auch rücksichtlich der Niederfahrt. Denjenigen Reisenden, welche die Wasserstraße benutzen, ist besonders anzurathen, sich ebenso für den Eintritt in die k. k. österreichischen Staaten, wie für den Austritt aus denselben mit vollständig legitimirten Pässen zu versehen, da man sonst auf alle Fälle gezwungen sein würde, entweder nach Dresden oder nach Bodenbach zurückzureisen, um das mangelnde Visa des Passes nachträglich bewerkstelligen zu lassen. Es erfolgt die Revision des Gepäcks der Dampfschiffreisenden erst in Schandau; eine Paßrevision findet sächsischerseits während der Reisetour nicht Statt.

Die *Sächsisch-Böhmische Dampfschiffahrtsgesellschaft* fuhr seit 1851 in Konkurrenz mit der *Sächsisch-Böhmischen Eisenbahn* durch das Elbtal.

Die Franken bauten die erste Eisenbahn in Deutschland von Nürnberg nach Fürth. Sie eröffneten ihre Strecke am 7. Dezember 1835. Die erste richtige Strecke bauten die Sachsen. Nürnberg–Fürth war ein Bähnle von 6,04 Kilometer. Ihre Bahn zwischen Leipzig und Dresden überbrückte eine wirkliche Entfernung. Im Herbst 1845 hatten die Bauarbeiten vor den Toren Leipzigs begonnen. Am 8. April 1838 rollte der erste reguläre Personenzug in Dresden in den »Leipziger Bahnhof«. Das war erst der Anfang.

Die *Leipzig–Dresdner Eisenbahn Compagnie* hatte 1835 schon über den Endpunkt Dresden hinausgedacht. Seit dem Mai 1835 besaß sie die Konzession für eine Strecke durch das Elbtal ins Böhmische. Als die Compagnie 1836 ihre Konzession einem für den Bau einer Eisenbahn Dresden–Prag gegründeten Komitee übertragen wollte, zog die Dresdner Regierung die Rechte an sich. Das war mehr als eine deutsche Länderbahn. Diese Bahn verband mit Österreich, öffnete das Tor nach Südosteuropa und seine Meere, hatte taktische Bedeutung, war ein Politikum. Der sächsischen Regierung fehlte auch nicht die Überzeugung, dass Staatsbahnen wirtschaftlich arbeiten können.

Im August 1842 wurde mit Österreich ein Staatsvertrag über den Bau der Strecke abgeschlossen. In der Tagungsperiode 1845/46 bewilligte der Landtag die nötigen Gelder. In Dresden hatten, ohne abzuwarten, die Erdarbeiten schon begonnen. Am 1. August 1848 erreichte die Strecke Pirna, am 9. Mai 1850 Königstein und einen Monat später Krippen. Die Arbeiter schaufelten 14 Stunden am Tag. 10 Groschen Tagelohn galten als gute Bezahlung. Im Mai fehlten nur noch wenige Kilometer zur krönenden Verbindung mit der österreichischen Eisenbahn. Die Sache war teurer geworden als gedacht. Die ursprünglich bereitgestellte Bausumme von 3 600 000 Taler hatte nicht gereicht. Die aufwendigen Viadukte und Steintrassen im Elbtal verschlangen Geld. 1 840 000 Taler mussten nachbewilligt werden. Zum Jahresende 1850 lag das letzte Gleisstück. Die abschließenden Arbeiten würden noch einige Monate brauchen. Aber der Eröffnungstermin der Strecke konnte als Staatsereignis in der Geschichte der beiden Monarchien festgelegt werden: Sonntag, der 6. April 1851.

Die ersten Züge warteten so lange nicht.

Am Silvesterabend 1850 stand plötzlich ein österreichischer Extrazug in der sächsischen Station Schöna. Personen von höchstem Staatsrang saßen darin. Sie waren auf dem Weg nach Dresden zur Gratulationscour bei seiner Majestät, König Friedrich August II, und – und wohl in der Hauptsache – zu einer geheimen diplomatischen Konferenz. Der biedere Schönaer Stationsvorstand versuchte die Weiterfahrt zu verhindern. Vergeblich. Zu hoch die Herren und zu informiert, dass die ganze Strecke bis Dresden befahrbar sei.

Fürst Schwarzenberg, Österreichs Erster Minister, fuhr am 1. Februar die umgekehrte Richtung von Dresden nach Bodenbach. Es war eine der kleinsten Machtproben Schwarzenbergs. Er hatte die Revolution der Wiener 1848 unterdrückt. Den Aufstand der Ungarn 1849 mit Hilfe der Russen niedergeworfen. In jüngeren Jahren als Diplomat in London für Aufsehen durch eine Affäre mit der verheirateten Lady Ellenborough gesorgt. Die Premiere vom 6. April hatte ihre Voraufführungen gehabt.

Der sächsische Festzug fuhr von Dresden nach Bodenbach. 8 Uhr früh. Gezogen von der Lokomotive *Austria.* Der österreichische ging von Prag nach Bodenbach. Gezogen wohl von der Lokomotive *Saxonia.* Das Wetter an diesem 6. April war sauschlecht. Dichter Schnee fiel. Die Kränze und Girlanden an den Bahnwärterhäuschen und Stationsgebäude schaukelten im Wind. In Pirna hatten Offiziere die sächsischen Prinzen begrüßt. *Sonst schauten die Leute,* sagt ein Teilnehmer, *wenn wir an ihren Fenstern vorbeifuhren, halb neugierig, halb mitleidig in ihrem oft keineswegs festlichem Morgennegligé auf und auf unseren Zug herab.* Die Wagen des Jahres 1851 waren zugig und ziemlich offen und auf jeden Fall ungeheizt. Festlicher wird es hinter der Grenze in Bodenbach.

Gleich eine Ehrenpforte mit den Wappen von Sachsen, Böhmen und Österreich, Böllerschüsse und zum Hurra aufgereihte Bahnarbeiter. Hinter dem Bodenbacher Tunnel noch mehr Böllerschüsse und auf dem Bahnhof große Zeremonien. Ein Zelt mit Altar und darin der Vikar des Leitmeritzer Bischofs. Die sächsische Lokomotive rollt an das Zelt, Chorknaben schwingen ihre Glöckchen, das Militär präsentiert das Gewehr, der Vikar weiht die Lokomotive, das Militär schießt Salut.

Gegen 12 Uhr Mittags fuhren Österreicher und Sachsen in einem österreichischen Zug weiter nach Prag. *Von Bodenbach bis Prag war die Bahn eigentlich eine ununterbrochene Ehrenpforte,* sagt der Teilnehmer. Im Prager Bahnhof intoniert in einem Tumult von Menschen eine Militärkapelle die sächsische Königshymne. Auf dem Hradschin im Spanischen Saal dann ein großes Galadiner. Anschließend eine Festvorstellung im Theater. Österreich herrscht auch durch Prunk und Pracht. Sachsen ist ein alter Alliierter.

Am Morgen des 7. April fuhren die Festzüge über Bodenbach nach Dresden zum Gegenbesuch der österreichischen Gäste zurück. Der Alltag der *Sächsisch-Böhmischen Eisenbahn* konnte am Tag danach beginnen.

Mit einer Fahne zeigte der Bahnbedienstete dem Zug Halt im Bahnhof und auf der Strecke an. Ein Nebelhorn gehörte zu seiner Ausrüstung. Die ersten Fahrscheine waren wirkliche Scheine. Ein weißer Zettel bedruckt mit der Angabe von Klasse und Preis. Ein dreieckiger Coupon wurde zur Entwertung abgerissen und zum nachdrücklichen Schutz vor Missbrauch aus dem Abteilfenster geworfen. Dann kamen Fahrkarten im Wechsel der Farben von Weiß nach Braun, Grün, Grau. Die Bahn lernte. Den Billetts fehlte der Aufdruck *nicht übertragbar.* Das gastronomische Personal der Stationen machte es sich zu Nutze und bot Fahrkarten zu Billigpreisen an.

Carl Gustav Carus, Sonnenstein bei Pirna

E. F. Oehme, Die Burg Hohenstein

Caspar David Friedrich, Wanderer über dem Felsenmeer ▷

Carl Gustav Carus, Sonnenstein bei Pirna

E. F. Oehme, Die Burg Hohenstein

Caspar David Friedrich, Wanderer über dem Felsenmeer ▷

E. Arnold, Ansicht von Schandau

Von Dresden gingen 1852 pro Tag vier Personenzüge in Richtung Bodenbach/Prag ab und aus der Gegenrichtung kam die gleiche Zahl an. Ein Güterzugpaar war täglich auf der Strecke und im Sommer Sonntagmittag ein Extra-Zug Dresden–Bodenbach–Dresden. Das Personal hatte dies anfangs in einem 24-stündigen Dauerdienst mit anschließender Pause von 12 Stunden bei 19 Groschen Grundgehalt zu bewältigen. Einige Jahre später war daraus ein Rhytmus von 16 zu 8 Stunden geworden. Auch diese Bahn rechnete Serviceleistungen zum Fahrbetrieb.

Toiletten befanden sich auf den Bahnhöfen und der Zug ging nicht ab, bevor nicht der letzte Passagier zurückgekehrt war. Der Wunsch nach Beschleunigung führte zu einer internen Lösung. Den Reisenden wurde für ihre Notdurft eine *Retirade* im Gepäckwagen zur Verfügung gestellt.

Menschenfreundlich versorgte die Bahnbehörde ihr Personal auf dem Bahnhof Krippen gratis in den Wintermonaten mit einer Tasse Warmbier. Die Bahnhofswirtin erweiterte den Service und bot wahlweise eine Tasse Kaffee oder Bouillon an.

Eine andere Leistung erbrachte die Bahn durch Wegsehen. Sehr bald schon war der Bahnkörper zum gern benutzten Fußweg geworden. Die Leinpfade am Elbufer waren, besonders in den Wintermonaten, schlechte Passagen. In einer nächsten Stufe bot die Bahn die Leistung gegen Gebühr. Eine Jahreskarte zur fußläufigen Benutzung der Strecke kostete 1 Taler, die Tageskarte 20 Pfennig. Der wachsende Zugverkehr beendete das Streckengehen.

Die sächsisch-schweizerischen Reiseführer, die nun erschienen, änderten ihren Charakter. Vorbei die Ära der Verfasser, die Wert darauf legten, mit ihrer Klientel in höchsteigener Person durch das Gebirge zu gehen. Sachliche Information steht an erster Stelle. Und ein ganz neuer Bereich. Die Eisenbahn, ihre Strecken, die Tarife, die Nutzung der Bahn. *Die Wagen der II. Classe sind vortrefflich eingerichtet und für Raucher Cigarrenabstreicher angebracht, welche nach Umständen an eine andere Seite placirt werden können. Ebenso sind in den Coupés Haken zum Aufhängen der Hüte u. s. w.* Im zweiten sächsisch-böhmischen Bahnjahr war in der Verlagsbuchhandlung J. J. Weber, Leipzig, 1852, ein *Dresden-Prager-Führer* erschienen, der versprach: die *Malerische Beschreibung von Dresden, der Sächsischen Schweiz mit Teplitz, der Dresden-Prager Eisenbahn und Prag.*

Das virtuelle Zeitalter hat begonnen. Der neue Reisende sitzt am Fenster und schaut hinaus. Und der neue Reiseführer erzählt ihm, was er beim Hinausschauen sieht.

III. Station: Königstein–Krippen/Schandau

Distanz: Von Dresden bis Krippen/Schandau 5,61 Meilen, bis Prag 19,75 Meilen, von Königstein bis Krippen 0,85 Meilen.

Wasserseite: Bei dem 3. oder 4. Wächterhause hinter der Station Königstein zeigt sich der Lilienstein in seiner ganzen imposanten Größe und Höhe, indem er nach seiner Ostseite ziemlich steil bis zu der Elbe abfällt, während er an seiner Süd- und Westseite auf einem schon ziemlich hohen Plateau ruht, wodurch die Vorstellung seiner Höhe beeinträchtigt wird.

Böhmischer Bahnhof in Dresden

Rechts vom Lilienstein schaut die kleine Schäferei Seltnitz oder Seltensaat hervor. An der 712 Ellen langen Elbinsel vorbeigekommen liegt nahe am Ufer die Ziegelei von Prossen, hinter der sich nordwärts der Walthersdorfer Wiesengrund heraufzieht. In Prossen lebte zu Ende des vorigen Jahrhunderts der Fischer Hering, gewöhnlich der Prossener Mann genannt, welcher mit seinen Prophezeiungen viel Aufsehen erregte.

Das Wegenetz des Gebirges hatte bisher nur wenige Veränderungen erfahren. Die Fernhandelsstraßen mieden das Felsengebiet um Schandau. Von Bautzen und aus Böhmen nahm die *Alte Böhmische Glasstraße* ihren Weg über Nixdorf, Sebnitz , Hohnstein nach Dresden. Die *Hohe Straße* zum Handelsplatz Schandau wich den Tallagen aus und suchte ihren Weg auf der Höhe von Nixdorf über Lichtenhain an die Elbe. Eine Ausnahme machte der Grundweg durch den Großen Zschand. Er bot eine bequeme Verbindung aus dem Kirnitzschtal ins Böhmische nach Hohenleipa und Böhmisch-Kamnitz. *Dieser Grund ist der Hauptgrund in diesem Felsenland und durchschneidet es in seiner ganzen Breite,* sagte Götzinger. Seine Bedeutung wuchs im 18. und 19. Jahrhundert ständig und ein aufwendiger Knüppeldamm in den nassen Talabschnitten zeigte es. Allein 1790 verlegte man für einen ordentlichen Fahrweg 16 000 Baumstämme.

Ungleich dichter das Netz der einfachen Wege und Stege. Ihre Namen nannten die Rolle, die sie im Leben der Bewohner des Gebirges spielten. Die *Kirchsteige* gaben die größte Zahl. *Förstersteige, Jägersteige* gehören dazu, *Leichenweg* und *Marktweg. Roßsteig, Diebsweg, Heusteig, Mühlweg.* Der *Fremdenweg.* Die gewichtigste Neuerung vor der Eisenbahnlinie von 1851 datierte aus dem Jahre 1813.

Im Sommer 1813 ließ Napoleon eine Straße von Stolpen an Hohnstein und dem Lilienstein vorbei nach Halbestadt an der Elbe, mit Schiffbrücken nach Königstein, von zwangsverpflichteten sächsischen Landeskindern ausbauen. Er schuf eine Querlinie zwischen den beiden großen, auf Dresden zielenden Straßen. Die eine kam aus dem Schlesischen über Bautzen. Die andere aus dem Böhmischen über den Kulmer Pass. Die neue Kaiserstraße sollte seinen Truppen vor Dresden die strategische Rochade von der einen auf die andere Straße erlauben. Völlig neu war die Straße nicht. Sie stützte sich auf Vorhandenes. Zwischen Walterdorf und dem Lilienstein war sie ein Stück des »Leichenwegs« der Waltersdorfer nach Königstein.

Am 25. August 1813 standen die verbündeten Preußen, Österreicher und Russen von Süden kommend vor der von den Franzosen besetzten Stadt Dresden. Der verlustreiche Angriff der Alliierten endete in der Nacht zum 28. mit ihrem Rückzug. Dass daraus nicht eine verheerende Niederlage wurde, war auf der Kaiserstraße entschieden worden. Die Divisionen des französischen Generals Vandamme, denen befohlen war, die Elbe bei Königstein zu überschreiten und die Verbündeten im Rücken anzugreifen, waren mit ihrer Artillerie im Polenztal stecken geblieben. Nur die Infanterie drang auf der steilen Straße über den Ziegenrücken bis auf die Rathewalder Hochfläche vor. Der schnelle Vorstoß stockte. Als Vandamme am 29. bei Kulm auf die Alliierten stieß, ging er unter. Vandammes Niederlage hatte als Verlust entscheidender Stunden im Polenztal begonnen.

Das Eisenbahnzeitalter öffnete neue Wege in der Sächsischen Schweiz. Wenigstens so groß war die Zahl der Begehrlichkeiten, die es weckte. Auch das Zeitalter der Langsamkeit hatte ein Gefühl für Geschwindigkeit und Zugänglichkeit besessen, aber jetzt wurden sie zu einer Lebensnotwendigkeit, der niemand sich erlauben konnte auszuweichen. Die *Verkehrsanbindung* wurde zur Ultima Ratio. Im 19. Jahrhundert hieß sie Eisenbahnanschluss.

Also eine Eisenbahn von Schandau nach Sebnitz hinauf. 1874 wurde mit ihrem Bau durch das Sebnitztal begonnen. Drei Jahre später war sie fertig. Ein aufwendiger Bau mit sieben Tunneln, zwei großen Viadukten, 27 Brücken. Wenn das Gebirge kühn »Sächsische Schweiz« hieß, für die Schrammsteinkette der Name »Sächsische Dolomiten« vorgeschlagen wurde, warum sollte sich diese Nebenbahn nicht »Sächsische Semmeringbahn« nennen können?

Die Bahn ist da und nun 1897 von Hohnstein hinunter eine Schmalspurbahn 12 Kilometer durch das Schwarzbachtal nach Goßdorf-Kohlmühle mit Stationsanschluss an die Sebnitztalbahn. Baukosten 1 Million Goldmark.

Nicht zu Stande kam der Bau einer Eisenbahn von Porschdorf nach Hohnstein.

Der Bodenbacher Tunnel

Nicht zu Stande kam der Bau einer Bahn von Schandau durch das Kirnitzschtal nach Hinterhermsdorf. Es scheiterte die Anlage einer Schwebebahn auf den Lilienstein.

Im März 1892 beschließen der Stadtrat und die Stadverordneten von Schandau, um die Erlaubnis zur Erbauung einer Pferdebahn durch das Kirnitzschtal zum Lichtenhainer Wasserfall nachzusuchen. 1894 ist die Genehmigung für eine Bahn da. Inzwischen

6. Eisenbahn-Tarif für den Personentransport.

Von Dresden nach	Tourbillets.			Tagesbillets.		
	I. Klasse.	II. Klasse.	III. Klasse.	I. Klasse.	II. Klasse.	III. Klasse.
A. Niedersedlitz	—	— Thlr. 4 Ngr.	— Thlr. 3 Ngr.	—	— Thlr. 8 Ngr.	— Thlr. 6 Ngr.
Mügeln	—	— „ 6 „	— „ 4½ „	—	— „ 8 „	— „ 6 „
Pirna	— Thlr. 12 Ngr.	— „ 10 „	— „ 7 „	— Thlr. 18 Ngr.	— „ 14 „	— „ 10 „
Pötscha-Wehlen	—	— „ 14 „	— „ 10 „	—	— „ 20 „	— „ 14 „
Rathen	—	— „ 16 „	— „ 11½ „	—	— „ 20 „	— „ 14 „
Königstein	— Thlr. 24 Ngr.	— „ 19 „	— „ 14 „	1 Thlr. 6 Ngr.	— „ 27 „	— „ 19 „
Krippen-Schandau . . .	— „ 28 „	— „ 22 „	— „ 16 „	1 „ 12 „	1 „ 1 „	— „ 22 „
Schöna-Herniskretschen .	—	— „ 26 „	— „ 19 „	—	—	—
Bodenbach	1 Thlr. 12 Ngr.	1 „ 3 „	— „ 25 „	2 Thlr. 2 Ngr.	1 Thlr. 16 Ngr.	1 Thlr. 3 Ngr.
Aussig	2 „ 3 „	1 „ 16 „	1 „ 5 „	—	—	—
Prag	5 „ — „	3 „ 9 „	2 „ 13 „	—	—	—
Wien	16 „ 24 „	11 „ 5 „	7 „ 28 „	—	—	—
B. **Görlitz** und **Zittau**	2 „ 10 „	1 „ 26 „	1 „ 12 „	—	—	—
Breslau	7 „ 12½ „	5 „ 4 „	3 „ 28 „	—	—	—
C. **Leipzig**	3 „ — „	2 „ 8 „	1 „ 15 „	—	—	—
D. **Berlin**	5 „ 15 „	3 „ 20 „	2 „ 10 „	—	—	—

Fahrplan und Tarife 1852

ist das Projekt gewachsen. Jetzt ist ein Motorantrieb vorgesehen. Das Projekt der Aktiengesellschaft *Elektra* wächst in hemmungslosen Fantasien. Bis ins böhmische Nixdorf soll die Bahn reichen. Sie könnte auch über die Grenze bis Hinterdittersbach und Stimmersdorf gehen. Und hier eine Zahnradbahn in die Kamnitzklamm und von der Elbe herauf eine Schwebebahn. Vereinszeitschriftredakteur Lehmann findet 1897 während des Baus, dass eine Verlängerung der Bahn wenigstens bis zum Zeughaus wünschenswert sei.

Begonnen wurde 1896 mit dem Bau einer Elektrischen Straßenbahn bis zum Lichtenhainer Wasserfall und die Bahn dann 1898 in Betrieb genommen. Die Vereinszeitschrift feierte einen Sieg im Überbietungswettbewerb. Er trug das Mäntelchen der Chancengleichheit: *Der Bahnbau ist von außerordentlicher Wichtigkeit nicht nur für die Stadt Schandau, sondern auch für den gesamten Reiseverkehr in der sächsischen Schweiz. Man darf hoffen, daß die Bevorzugung, welche bisher der Touristenverkehr infolge der bequemeren Verbindungen dem böhmischen Teile des Gebietes, insbesondere der Umgebung von Herrnskretschen, angedeihen ließ, durch den neuen Bahnbau zu Gunsten der sächsischen Orte und Gebietsteile ein Ende nimmt. Nicht als ob wir wünschten und erwarteten, daß Herrnskretschen, Prebischthor und Edmundsklamm in Zukunft weniger besucht werden als bisher: aber wir dürfen hoffen, daß der Verkehr in die nähere und weitere Umgebung von Schandau nunmehr einen erfreulichen Aufschwung nehmen wird.*

Im Mai 1887 hatte im Organ des Gebirgsvereins gestanden: *Je mehr wir die Berei-*

sung der Landschaft erleichtern, desto mehr Geld ziehen wir herein, desto mehr Beschäftigung und Gewinn bringenden Absatz ihrer Erzeugnisse schaffen wir unserer Bevölkerung.

Manche Zeiten rühmt, was ihnen nicht gelang.

Eine Richtung des Tourismus erregte Argwohn und stieß auf Ablehnung. Es war die Richtung nach oben. Herumgeklettert auf den Felsen waren sächsisch-schweizerische Reisende schon immer. Der Aussicht zuliebe. Zu Gunsten eines Weges. Aber 1864 kletterte jemand auf den Falkenstein allein, um zu klettern. Natürlich schaute er von oben auch auf die Natur. Von 1874 wurde daraus dieses Neue, das überall aufkam: ein *Sport*. Die unbegangenen Wege des Gebirges lagen auf den Gipfeln, Steinen, Türmen, zogen sich an Felswänden lang und gingen durch Felskamine. Auch sie alle wurden bekannte Wege. 12 600 Wege nach oben zählt die Gegenwart und kommt auf 1 099 Klettergipfel.

In den Jahren nach der Jahrhundertwende von 1900 nahmen die Stimmen der Kritiker der neuen Begehung des Gebirges rapide zu. Über zertrampelte Schonungen bei den Zugängen zu den Kletterfelsen wurde geklagt. Über sorglosen Umgang mit Feuer. Verunreinigungen. Lärm. 1907 wurde sogar über ein Kletterverbot in der Sächsischen Schweiz öffentlich nachgedacht. Es sei, fand ein Zeitgenosse, eine *regelrechte Fehde entbrannt.*

Das Schlachtfeld bei Culm

Ein Teil der *Sonntagsbummler*, meinte ein Beteiligter, richte in der Natur viel schlimmere Schäden an als die Bergsteiger. Ein anderer schlug in deutscher Regelungswut vor: Ausweise für die Kletterwege! *Die Beamten der Forstverwaltung, auch die zum Forstschutz kommandierten Soldaten des Jägerbataillons im Gebiete des Zeughauses, Großen Winterberges usw. sind nicht allein berechtigt, sondern verpflichtet, Leute, die sie auf diesen Wegen treffen, nach ihrem Ausweis zu fragen. Kletterer, die nicht im Besitze eines Kletterausweises sind, werden hoch bestraft, etwa mit 10 Mark oder zwei Tagen Haft. Es liegt im beiderseitigen Interesse, daß in diesem Punkte scharf vorgegangen wird.*

Kletterpionier Rudolf Fehrmann rief im Januar 1908 seine Kameraden auf: *Bei dem gegenwärtigen Umfange der Felskletterei in der sächsischen Schweiz bitte ich alle Kletterer von Herzen, namentlich im Rathener Gebiete alles Lärmen, das in so häßlicher Weise den Frieden der Natur stört, ganz zu unterlassen, alles Papier wieder mitzunehmen oder zu vergraben, leere Glasflaschen nie nach Gassenjungenmanier zu zerschlagen …* Pionier Fehrmann spielte vorsichtshalber gleich auch noch die patriotische Karte. *Und wenn so das Bergsteigen seine Jünger zum Ertragen schwerer Strapazen erzieht und sie lehrt, der Gefahr zu trotzen, wenn es anderseits viele junge Männer wenigstens für Tage dem Qualm der Städte und dem Gifte des Alkohols entzieht, dann scheint mir diese Betätigung eine Quelle des Segens für den Staat zu sein, indem sie ihm kräftige, trutzige Bürger und Soldaten schafft, wie ihrer unsere nervöse Zeit gar sehr bedarf.*

Es gab kein Kletterverbot und es wurde weitergeklettert. Mit einem Minimum an Staat und einem sich entwickelnden Maximum von eigenem Codex. Vielleicht war das der schwerste Kletterweg. Zeitzeuge Otto Schmidt-Schmidteck gab Anfang 1914 einen Situationsbericht im Organ des Gebirgsvereins.

Der Dresdner Hauptbahnhof ist früh ein Stelldichein für Wadenstrümpfler und Rucksäckler. Sonderzüge tragen allsonntäglich viele Hunderte von Kraxlern ins Gewänd. Die Eisenbahnwaggons dritter Klasse sind gedrängt voll. Auch viele Damen beteiligen sich als »Bergbrünhilden« am Felsensport … Im Klettergebiet selbst sind Sonntags die kleinsten Pfade von Nägeln der Bergschuhe zerstampft. Ganze Klettergegenden werden überlaufen. So zählte ich an einem Sonntag in den großen Ferien am Bloßstock 40 und am Falkenstein über 60 Kletterer. Rund um den Falkenstein lagen überall Rucksäcke, Kleider, Abkochapparate und schlafende Personen. Eierschalen und Sardinenbüchsen blieben leider zuletzt liegen. Beim Schusterweg-Aufstieg kreuzte ich vier Partien. Die Gipfelrast teilte ich mit ungefähr zwölf mir unbekannten Personen. Es wurde übermäßig viel gejodelt. Von Einsamkeit war keine Rede. Mir persönlich war durch diesen Massenbetrieb auch jeglicher Naturgenuß verleidet worden.

Auch vor hundert Jahren gab es eine gute alte Zeit, die vor der Epoche von vor hundert Jahren lag. *Die Bergfahrten vor 1900 ähnelten eigentlich alle wirklichen Erstbesteigungen. Der Aufstieg begann gewöhnlich damit, daß wir erst mehremale den Fuß des Felsens umgingen und nach seinen schwachen Stellen spähten. Es war eine richtige Überlistung des Felsens, der Sieg des Menschengeistes über totes Gestein. Heute liest man einfach im Kletterführer den Anstiegsweg nach.*

Eisenbahn bei Schandau

Die fortschreitende Zeit gibt und nimmt. Sie bringt wirkliche Gewinne. Und verursacht tatsächliche Verluste. Die irritierten Fragen des Mannes vor hundert Jahren sind nicht überholt. Wir sind Zeitgenossen. Er redet von Kraxelei und wird von der Frage der Moderne bewegt. Was sind unsere Werte? Muss ein Kletterschwierigkeitsgrad den anderen überholen? Er antwortet zu mehr, als dem Geschehen auf den Höhenwegen. *Das Schlagwort heißt Überbietung und Rekord.* Was ist uns diese Erde?

Sonntag, den 10. September 1911, Kriegsspielübung, Treffpunkt 2 Uhr große Wiese am Landhaus Klein-Zillertal im Keppgrund, stand auf einer Postkarte, die an 60 Jungen im Alter von 14–18 Jahren im Pirnaer Landkreis, der Sächsischen Schweiz, versandt wurde. Die *Wandergenossen* marschieren, exerzieren, *nehmen* Höhen, wehren *tückische Überfälle* im Tal ab, schreien Hurra, greifen *ohne Zögern* an, eröffnen aus dem Gebüsch *vernichtendes Feuer*. Lehrer Hötzelt hält eine Ansprache. *In der Hauptsache seid ihr Arbeiterkinder, aber mir gleich lieb, wie die Jünglinge mit den goldgeränderten Mützen. Zur heutigen Zeit hält es schwer, die Jugend eures Standes auf rechter Bahn zu erhalten. Meine kleine Hilfe ist euch sicher und ihr braucht solche. Ich strebe für euch noch mehr zu erzielen, damit wir uns noch recht oft über die Schönheiten der Natur erfreuen können,*

ÜBER BERG UND TAL

Zeitschrift des Gebirgsvereins für die Sächsische Schweiz

... Schirmherr des Vereins: Seine Majestät König Friedrich August von Sachsen ...

„ÜBER BERG UND TAL" erscheint am 15. jeden Monats. Alle Buchhandlungen und Postanstalten nehmen Bestellungen zum Preise von 2 Mark für den Jahrgang an; einzelne Nummern kosten 20 Pf. — Inserate für den Umschlag werden bis zum 10. eines jeden Monats durch die VERLAGS-EXPEDITION, DRESDEN, ZINZENDORFSTRASSE 27, erbeten. Die dreigespaltene Nonpareillezeile oder deren Raum wird mit 25 Pf. berechnet.

34. Jahrgang ⋄ Nr. 11 | ⋄ Mittwoch, den 15. November 1911 ⋄ | Fortlaufende Nr. 405

Zeitschrift des Gebirgsvereins

und es mir noch oft vergönnt sein möge, euch Schwarz-Weiß-Rot im Sturme voranzutragen, ob Kugeln pfeifen oder nicht, aus Liebe zu unserer Heimat und aus Treue zu unserm gemeinschaftlichen Vaterlande. Bergheil!

Die Eisenbahnzeit, die neue Wege öffnete, hob einen der klassischen Wege auf. Die traditionelle Eintrittsroute in die Sächsische Schweiz über Lohmen, wo die *Fremden* so häufig vor der Tür des Pastors Nicolai gestanden hatten, geriet in Vergessenheit. Wo vor zweihundert Jahren reges Treiben herrschte, bietet sich nun ein stiller Weg. Aber durch die Schwedenlöcher zieht ein ununterbrochener Menschenstrom, seit 1886 zu »Ehren« des Dresdner »Deutschen Geographentages« der Treppenweg des »Geographensteigs« angelegt wurde.

Welch leichten Zugang zu allen Punkten des Gebirges schufen die Bahnstationen im Elbtal von Pötzscha-Wehlen über Rathen, Königstein und Schandau bis hinauf nach Schöna und über die Grenze. Götzinger und die Reiseführerkollegen hatten sich mit vielen guten Worten immer wieder bemüht, die Reisenden in die Gegenden links und rechts vom *Fremdenweg* zu locken.

J. G. Lehmann sagte in seinem Buch »Drei Tage in der sächsischen Schweiz zur Erinnerung an dieselbe« den Lesern von Auflage zu Auflage und letztmalig 1845: *Nach dem Durchwandern der oben beschriebenen Gegend, darf man jedoch nicht glauben, alle Merkwürdigkeiten des Elbhochlandes gesehen zu haben, es ist vielmehr der kleinere Theil*

Der Königsplatz

derselben, wer jedoch nur drei bis vier Tage darauf verwenden kann, thut am besten, diese Tour zu wählen ... auch zwischen Schandau und dem von uns genommenen Wege zum Kuhstall, den Winterbergen und dem Pröbischthor finden sich reiche Parthien ... und dergleichen giebt es auch noch auf dem linken Ufer der Elbe, in der so genannten westlichen Schweiz.

Was gute Worte nicht vermochten, besorgte der Verkehr. Er öffnete das Gebirge, verteilte den Strom der Reisenden über andere zauberische Gegenden noch. Das Gebiet der linkselbischen »Steine« mit ihren Felsen und Legenden, Pfaffenstein, Zirkelstein, Papststein, die Zschirnsteine, wetteiferte nun erfolgreich mit den klassischen Wegen.

Götzinger hatte zu Anfang des 19. Jahrhunderts mit Recht das Gefühl gehabt, nach dem Verlassen des Fremdenweges würde ihm nur noch eine kleine Schar Neugieriger folgen: *Vielleicht hat mancher bis hierher Gereis'te seine Schweizerreise geendet und kehrt nun wieder in den Schoos der Seinigen zurück, aber ich habe noch übrig, über die Elbe zu reisen und in die Überelbische sächsische Schweiz diejenigen zu führen, welche auch diesen schönen hierzu gehörigen Teil näher kennen lernen wollen.*

Pastor Götzinger, um große Worte nicht verlegen, bedachte die *Überelbische sächsische Schweiz* mit einigen seiner größten Worte: *An Kopf und Herz müßte der verwahr-*

lost seyn, welcher sich bei Betrachtung dieser erhabnen Werke der Natur nicht mit stiller Bewunderung zu dem Unsichtbaren im Geist emporschwänge. Es werden ihm nicht viele in die Region gefolgt sein. Bahn und Schiff brachten der *Überelbischen Schweiz* mehr Besucher als Götzingers Appell. Gute Worte haben ihre Grenzen.

Wir gehen leichter, zweckmäßiger gekleidet, gut orientiert, besser versorgt als die früheren Reisenden. Wir haben es bequemer. Doch wir gehen durch diese kleine Welt mit einer den alten Reisenden unbekannten Bürde. Wir können sie bequem alltäglich zerstören.

Der Mensch ist ja das schönste Erzeugnis der Erde, und die Erde ohne den Menschen so wenig vollkommen, als der Mensch als Mensch vollkommen gedacht werden kann ohne die Erde. Sagte der Maler Carus.

Erinnerung Ostern 1949

Ich weiß nicht, was es war, dass wir nachts in Dresden ankamen. Fuhren von Berlin keine anderen Züge, kamen wir so spät erst los, jedenfalls mussten wir über Nacht in Dresden bleiben. Am nächsten Morgen erst ging ein Zug nach Rathen. Wir blieben irgendwo im Bahnhof.

Ich hatte nicht allzu viele Städte bis dahin gesehen. Einige aus unserer kleinen Gruppe gingen hinaus. Nach einiger Zeit auch ich. Aber da war keine Stadt. Nur schwarze Trümmer und dazwischen Straßenschneisen. Ich kam aus Berlin und ein Haus war über mir bis in den Keller zusammengestürzt, aber nichts war wie das.

In Rathen blühten die Obstbäume weiß auf einer Wiese. Der Strom und die Berge. Es läuteten wirklich Glocken. Ostersonnabend. Wir liefen von Rathen auf die Höhe und hinab ins Polenztal und wieder hinauf auf den Brand über die vielen Brandstufen. Ein Stück hinter dem Restaurant war ein desolates Häuschen. Dort wohnten wir und schliefen auf einer Strohschütte. Und jeder Weg von hier war so weit, wie er es für die alten Reisenden gewesen war, von denen ich nichts wusste. Nach dem Dunkel umgab mich österliche Heiterkeit. Ich begann das Gebirge zu lieben.

Der Verfasser dankt für Unterstützung bei der Arbeit besonders Herrn Manfred Schober, Heimatmuseum Sebnitz, sowie der Nationalparkverwaltung Sächsische Schweiz, Bad Schandau.

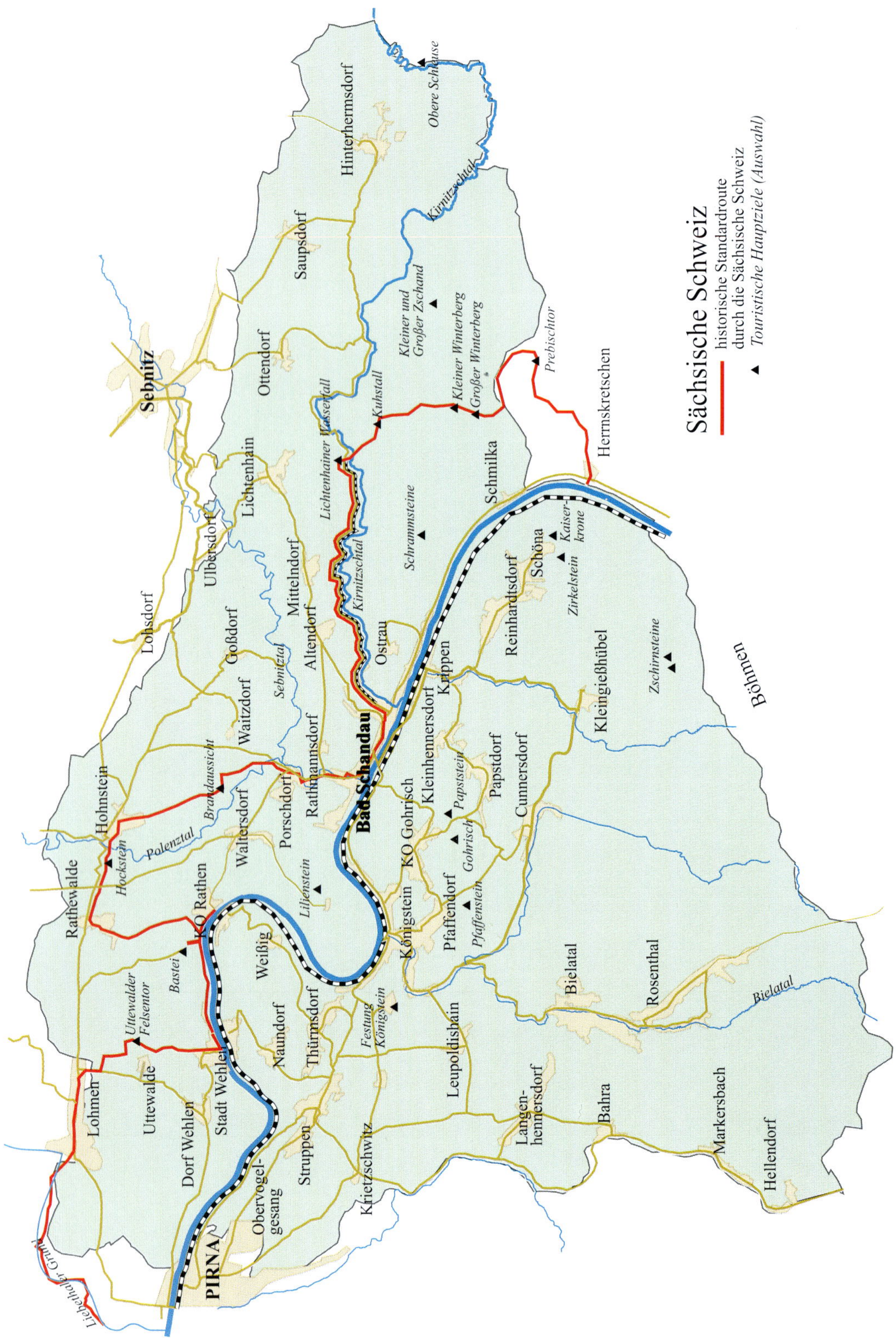
Sächsische Schweiz
historische Standardroute durch die Sächsische Schweiz
Touristische Hauptziele (Auswahl)
Hinterhermsdorf
Obere Schleuse
Kirnitzschtal
Saupsdorf
Kleiner und Großer Zschand
Kleiner Winterberg
Großer Winterberg
Prebischtor
Hermskretschen
Sebnitz
Ottendorf
Kuhstall
Lichtenhainer Wasserfall
Lichtenhain
Schmilka
Schrammsteine
Ulbersdorf
Mittelndorf
Kirnitzschtal
Lohsdorf
Goßdorf
Altendorf
Ostrau
Sebnitztal
Krippen
Reinhardtsdorf
Schöna
Kaiser-krone
Zirkelstein
Zschirnsteine
Böhmen
Kleingießhübel
Waitzdorf
Rathmannsdorf
Bad Schandau
Kleinhennersdorf
Papststein
Papstdorf
Cunnersdorf
Hohnstein
Brandaussicht
Waltersdorf
Porschdorf
KO Gohrisch
Gohrisch
Polenztal
Hockstein
Rathewalde
KO Rathen
Lilienstein
Königstein
Pfaffendorf
Pfaffenstein
Bastei
Weißig
Uttewalder Felsentor
Naundorf
Thürmsdorf
Festung Königstein
Leupoldishain
Bielatal
Rosenthal
Lohmen
Uttewalde
Stadt Wehlen
Dorf Wehlen
Struppen
Obervogel-gesang
Krietzschwitz
Langen-hennersdorf
Bahra
Markersbach
Hellendorf
PIRNA
Liebethaler Grund

Inhaltsverzeichnis

31°25'
31°30'
31°35'
31°40'
Blasewitz
Quohren
Weissig
Gonsdorf
Rochwitz
Cunnersdorf
Wachwitz
Pappernitz
Schönfeld
Schullwitz
Eschdorf
Dittersbach
Wilschdorf
Dürr Röhrsdorf
Tolkewitz
Seidnitz
Laubegast
Malschendorf
Reitzendorf
Zaschendorf
Kriegschendorf
Wünschendorf
Porschendorf
Dobra
Stürza
Hosterwitz
Leuben
Gross Dobritz
Pillnitz
Nieder Sedlitz
Meuslitz
Sporbitz
Ober Poyritz
Klein Graupe
Gross
Neu Graupe
Jessen
Liebethal
Mühlsdorf
Daube
Nieder Lohmen
Lohmen
Hohburkersdorf
Rathe
Lockwitz
Gommern
Birkwitz
Mügeln
Heidenau
Zatzschke
Dobrzeit
Mockethal
Wehlen
Gross Borthen
Rohrsdorf
Rosentitz
Gamig
Pratzschwitz
Sonnenstein
PIRNA
Ober Posta
STADT WEHLEN
Nieder Rathen
Pötzscha
Görknitz
DOHNA
Klein Sedlitz
Gross
Vogelgesang
Naundorf
Weissig
Sürssen
Tronitz
Ploschwitz
Krebs
Köttewitz
Zehista
Ebenheit
Struppen
Thürmsdorf
Falkenhain
Weesenstein
Cratta
Schmorsdorf
Maxen
Zuschendorf
Meusegast
Goes
Kriezschwitz
Burkhardtswalde
Zwirschka
Seidewitz
Dohma
Naundorf
KÖNIGSTEIN
Mühlbach
Häselicht
Leupoldishayn
Nicholsdorf
Pfaffen
Costebaude
Weistrop
Stetzsch
Kaditz
Trachau
Pieschen
Neudorf
Mobschatz
Mickten
Ubigau
Antonstadt
Prabschutz
Lenteritz
Rüdorf
Bennersdorf
Merbitz
NEUSTADT
Friedrichstadt
Unkersdorf
Podemus
Omsewitz
Cotta
Roitzsch
Ockerwitz
Burgstädtel
ALTSTADT
Kaufbach
Steinbach
Gompitz
Löbtau
Pennrich
Wölfnitz
Alt Franken
Kesselsdorf
Naussitz
Plauen
Wurgewitz
Kohlsdorf
Rosshal
Pesterwitz
Dölzschen
Räcknitz
Zschertnitz
Strehla
Ober
Nieder
Hermsdorf
Braunsdorf
Zaukeroda
Coschütz
Kaitz
Kl. Pestitz
Leubnitz
Saalhausen
Gittersee
Mockritz
Schweta
Burgk
Zschiedige
Gostritz
Neu Ostra
Torna
Döhlen
Klein Opitz
Weissig
Boderitz
Rosentitz
Gross Opitz
Klein Naundorf
Bannewitz
Eutschütz
Kausche
Hainsberg
Schweinsdorf
Welschhufe
Goppeln
THARANDT
Nieder Hesslich
Rippgen
Gaustritz
Somsdorf
Ober Naundorf
Golberoda
Sobrigau
Babisnau
Eckersdorf
Rabenau
Börnichen
Theisewitz
Lübau
Spechtritz
Klein Oelsa
Carsdorf
Gommsen
Langen Hennersdorf
Hermsdorf
Reichstein
Brausenstein
Rosenthal
Königswald